KB152724

나는 투자로 30년을 벌었다

최상위로 올라가는 7가지 투자 습관

나는 투자로
30년을
벌었다

한정수 지음

TORNADO
토네이도

투자는 하나의 게임이고, 이 책은 그 공략집이다.
승자들을 부러워만 하지 말고
간절함에 전략을 더하자.

원리를 알면
누구나 부자가 될 수 있다

코로나로 인한 경제 봉쇄와 주가 대폭락 이후 전국에 투자 열풍이 불었다. 동학개미운동, 서학개미, 빚투(빚내서 투자) 등 투자와 관련된 신조어가 뉴스 1면을 장식했고, 자산가치 폭락 이후에는 항상 새로운 부자가 탄생한다는 걸 사람들이 깨닫기 시작했다. 비슷한 일이 있었던 2008년 금융위기 때만 하더라도 유튜브나 페이스북 같은 SNS 채널이 확산되지 않았었다. 이제는 초등학생도 유튜브나 틱톡에서 투자로 인생이 바뀐 사람들의 얘기를 보고 듣는다.

세태도 한몫했다. 지금 우리는 대한민국 역사상 가장 풍요로운 시대에 살고 있지만, 대부분의 사람들은 스스로를 부유하다 느끼지 않는다. 계층의 사다리를 오르는 건 점점 어려워지고 빈부격차는 점점 벌어지고 있다. 평균수명이 급격히 늘면서 지금의 60~70대는 나이가 들었는데도 미래를 준비해야 하는 첫 세대가 되었다.

내가 직장생활을 하며 느낀 것은 아무리 죽어라 일해도 남들만큼 평범하게 살기가 너무 어렵다는 것이다. 대학 졸업 후 바로 평균연봉 1억 원이 넘는 금융권 대기업 공채에 합격했다. 남들이 부러워하는 대기업에 들어갔으니 서울에 집도 사고 결혼도 할 수 있을 줄 알았지만, 현실은 그렇지 않았다.

직접 계산을 해보니, 매년 3000만 원씩 저축을 해도 서울 아파트 중위가격인 9억 원을 모으려면 30년이 걸렸다. 그것도 30년 동안 아파트 가격이 제자리걸음을 한다고 가정했을 때였다. 적어도 돈의 측면에서는, 직장인의 삶이 막다른 길이라는 게 뻔히 보였다.

주변에 얘기해보니 로또를 맞지 않고 부유해지는 방법은 3가지가 있다고 했다. 사업을 잘하거나, 결혼을 잘하거나, 투자를 잘하거나. 다니던 회사의 겸업금지 조항 때문에 사업을 할 수는 없었다. 다짜고짜 회사를 나와 성공할지 말지도 모르는 사업을 시작하는 건 큰 리스크였다. 결혼 역시 내 마음대로 할 수 있는 옵션이 아니었다.

그래서 투자로 눈을 돌렸다. 그동안 투자는 조금씩 하고 있었지만, 큰 실패도 성공도 맛보지 못하고 잔잔한 수익만 내고 있었다. 경험도, 공부도 부족했기 때문에 수익이 날 리가 없었다.

바로 인생을 건 공부를 시작했다. 행정고시도, 로스쿨 시험도 아니다 보니 문제집이나 참고서랄 게 없었다. 일단 책을 많이 읽었다. 입사 첫 해에 100권이 넘는 책을 읽고 2년차에도 60권이 넘는 책을 읽었다. 일반 투자 서적을 포함해 성공한 사업가와 투자자들의 책을 닥치는 대로 읽었다. 종이 신문도 매일 봤다. 증권면만 본 것이 아니라 정치면, 사회면, 금융면 할 거 없이 처음부터 끝까지 다 읽었다. 해외 투자 커뮤니티를 돌아다니며 좋다는 자료는 다 찾아 읽어봤다.

세상에는 다양한 스타일의 투자자가 있지만, 그들이 하나같이 공통적으로 말하는 것은 '투자 원칙'이 바로 서야 한다는 것이었다. 나는 그들의 생각 과정을 하나하나 따라가 보면서 요즘 시대에 맞게, 내 성향에 맞게 나만의 의사결정 노하우를 만들어 가려고 노력했다. 그리고 그 결과는 수익으로 나타났다.

잘못한 결정과 잘한 결정에 대한 결과가 눈에 보이니까 투자를 하면 할수록 매력이 느껴졌다. 월급이 정속으로 쌓이는 '덧셈'이라면, 투자는 점점 성장에 가속도가 붙는 '곱셈'이었다. 투자를 몰랐던 지난날이 아까울 정도였다.

그리고 3년이 지난 2021년 3월, 직장생활 은퇴를 선언하고 3년 3개월을 다녔던 직장에서 퇴사했다. 경제적 자유를 얻었다는 상징

같은 일이었다. 단지 운이 좋았던 걸로 치부할 수도 있다. 맞다. 투자를 하는 몇 년 동안 나는 '항상' 운이 좋았다. 하지만,

왜 어떤 사람들은 지속적으로 운을 잡고 어떤 사람들은 그러지 못할까?
왜 대폭락 같은 위기가 누군가에게는 기회가 될까?
무엇이 의사결정의 차이를 만들까?

나는 이를 투자의 원리부터 이해하는 진짜 투자자와 남들만 따라 하는 겉핥기식 투자자의 차이라고 생각한다. 전 세계 성공한 투자자들을 따라 똑같은 곳에 투자한다고 갑자기 훌륭한 투자자가 되는 것은 아니다. 무엇에 투자했는지도 중요한 게 아니다.

왜 그런 의사결정을 했는지, 어떤 과정을 통해 그런 의사결정이 나왔는지 투자자의 사고방식을 정확히 이해해야 본인 스스로도 언제, 무엇에, 얼마나 투자할지를 판단할 수 있다.

아무 생각 없이 투자하는 사람과 정확한 의도를 갖고 투자하는 사람은 상황에 따라 조금씩 다른 판단을 한다. 그러한 판단의 결과가 쌓여 엄청난 차이를 만든다. 처음의 한 발짝 차이가 나중엔 열 발짝, 다음엔 백 발짝 이상으로 벌어진다.

이를 잘 나타내는 말이 '스노우볼링Snowballing'이다. 약간의 차이

가 조금씩 쌓여 걷잡을 수 없이, 말 그대로 눈덩이처럼 불어나는 걸이른다. 눈은 내리자마자 금세 녹아버리기도 하고, 조금씩 쌓여 녹지 않고 버티기도 하지만, 눈덩이가 되어 비탈길을 구르기 시작하면 점점 빠른 속도로 성장하며 더 이상 컨트롤할 수 없는 엄청난 크기로 커진다.

나도 공부를 통해 이 '스노우볼링'의 힘을 체감했다. 원칙과 노하우가 쌓일수록 내가 발전하는 속도는 무섭게 빨라졌다. 자산 기록을 처음 시작한 2016년 이후 6년의 시간 동안 가장 시간이 오래 걸린 건 첫 1억을 만드는 것이었다. 1억에서 10억을 찍는 데는 1년 반이 걸렸고, 10억에서 40억을 만드는 데는 6개월이 채 걸리지 않았다.

내가 운영하고 있는 〈세상학개론〉 유튜브 채널도 비슷하다. 첫 구독자 1000명을 만드는 데 8개월이 걸렸는데, 1000명이 1만 명이 되는 데는 6개월이 걸렸다. 1만 명이 4만 명이 되는 데는 3개월이 채 걸리지 않았다.

이 책은 사회 통념에서 벗어나 투자자의 마인드로 생각하는 법을 '왜Why 투자자의 삶을 살아야 하는지' – '어떻게How 투자를 해야 하는지' – '무엇에What 투자해야 하는지'의 순서로 담았다. 게임도 룰을 알아야 잘 할 수 있듯이, 투자도 원리와 룰을 제대로 알면 누구나 제자리걸음에서 벗어나 '스노우볼링' 할 수 있다.

투자는 하나의 게임이고, 이 책은 그 공략집이다. 승자들을 부러워만 하지 말고 지금부터라도 열심히 투자라는 게임을 공략해보자.
게으름의 대가는 '내가 살았을 수도 있는 삶'이다.

한정수

차례

프롤로그 원리를 알면 누구나 부자가 될 수 있다 • 6

STAGE 1
왜 투자자의 삶을 살까?

01 투자는 삶의 방식이다

'투자자'라는 삶의 방식을 통해 얻을 수 있는 것 • 23

내가 투자를 할 때 마음이 편안한 이유 • 24

시간과 돈을 어떻게 투자하느냐에 따라 남은 인생이 결정된다 • 30

02 축적을 통해 인생을 스노우볼링하는 방법

습관 1 자산 현황을 한곳에 모아 관리하라 • 36

습관 2 꾸준히 자신의 성장을 기록하라 • 50

습관 3 투자 목표를 설정하라 • 59

STAGE 2
어떻게 투자해야 할까?

01 [매수] 공부하되, 사랑에 빠지지 말자

투자 공부를 할 때는 탑다운 방식으로 하라 • 70
투자 철학을 공부할 때 도움이 되었던 책과 자료들 • 73
나는 신문 읽기로 하루를 시작한다 • 77
주변에서 기회를 찾는 방법 • 80
투자 공부의 방해 요소 • 82
투자에서 편향된 생각을 만드는 요인 • 87
그냥 빠르게 돈 버는 법을 알고 싶은 사람에게 • 89

02 [매수] 감정은 이용하지 못할 바에 죽여라

멘탈이 흔들리는 진짜 이유 • 95
투자는 결국 제로섬 게임이다 • 99
사람들의 욕심과 공포를 이용하라 • 102
멀더라도 확실한 미래에 집중하라 • 104
좋은 선택을 하고 불확실성을 이겨내는 법 • 106

03 [매수] 투자는 거시심리학이다

가치는 가격에 직접적으로 반영되지 않는다 • 112
큰 투자처를 찾는 법 • 119
버블이라는 뉴스가 나온다면 • 124
버블의 위험도를 판단하는 법 • 129

04 [포트폴리오] 현금도 종목이다

포트폴리오의 일정한 비중을 현금으로 유지하라 • 136
맞출 수 없는 타이밍을 맞춰야 할 때 • 139

05 [포트폴리오] 돈 벌려면 집중하고, 지키려면 분산하라

분산 투자는 돈을 지키는 것에 특화된 전략이다 • 147
집중 투자에 대한 오해 • 150
세상의 큰 흐름에 올라타라 • 151
내가 집중 투자하는 법 • 155

06 [매도] 날씨는 예측할 수 없지만 계절은 예측할 수 있다

단기투자의 치명적인 단점 • 161
장기투자를 위한 마인드 • 163
내가 차트에 집착하지 않는 이유 • 167
성공적인 장기투자를 하는 방법 • 171
포트폴리오를 리셋하는 법 • 174

07 [매도] 운도 실력이다

두려움 때문에 행동을 미루는 건 가장 크고 멍청한 실수다 • 182
실력을 가장 빨리 키우는 방법 • 186

STAGE 3
무엇에 투자해야 할까?

01 주식 투자

장기적으로 성장할 수밖에 없는 회사의 조건 • 195

국내 주식 투자의 장점 • 198

미국 주식 투자의 장점 • 202

해외 주식에 대한 정보를 얻는 방법 • 208

주식 투자는 어떤 사람에게 적합할까? • 211

02 부동산 투자

주식이나 가상자산의 상승 속도가 부동산보다 빠르다 • 215

매수 우위 분위기는 순식간에 바뀔 수 있다 • 218

가격이 떨어지지 않는다고 투자 매력이 떨어지지 않는다는 뜻은 아니다 • 221

부동산 투자의 장점이 단점이 되기도 한다 • 224

집 때문에 다른 투자를 포기하지 마라 • 227

부동산 투자는 어떤 사람에게 적합할까? • 228

03 가상자산 투자

비트코인의 가치는 어디서 나올까? • 235

가상자산 시장의 분류 • 241

기술 발전은 대중이 완전히 이해할 때까지 기다려주지 않는다 • 251

저평가된 가상자산을 고르는 방법 • 256

가상자산에 대한 정보를 얻는 방법 • 260

가상자산 투자는 어떤 사람에게 적합할까? • 261

STAGE 1◂
STAGE 2
STAGE 3

왜 투자자의
삶을 살까?

투자는
삶의 방식이다

성공적인 투자는 리스크를 관리하는 것이지
리스크를 피하는 것이 아니다.
_벤저민 그레이엄

나에게 투자 조언을 구하는 사람들 중 성격이 급한 사람들은 당장 무엇에 투자하면 좋을지 하나만 알려달라고 한다. 그래서 지금 공부해볼 만한 것 하나를 소개하겠다. 바로 클레이스왑*Klayswap, KSP*이다. 클레이스왑은 블록체인 토큰 자동화 거래*AMM, Automated Market Maker* 프로토콜로, 클레이스왑을 이용하면 클레이튼 플랫폼에 있는 각종 가상자산을 거래하고 예치할 수 있다. 클레이튼은 카카오 그룹에서 블록체인 사업을 담당하는 카카오G의 자회사 그라운드X가 운영하는 블록체인 플랫폼이다. 클레이스왑은 현재까지 전 세계에서 가장 빠르게 성장하고 있는 블록체인 활용 분야 중 하나인 탈중앙금융, 즉 디파이*De-Fi, Decentralized Finance*의 일종이다. 디파이는 제도권 금융*Traditional Finance*에 대비되는 용어로, 블록체인을 통해 탈중앙화*Decentralization*된 금융 생태계를 말한다.

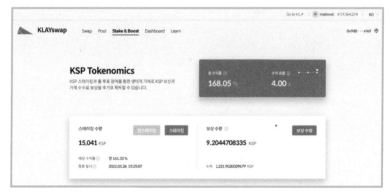

클레이스왑 스테이킹 서비스 화면
출처: 클레이스왑(klayswap.com)

나는 클레이스왑을 통해 매달 1억 원이 넘는 수수료 보상을 받고 있다. 일별로 따지면 매일 300만 원 이상이 가만히 앉아만 있어도 지갑에 들어오는 셈이다. 나는 클레이스왑에 KSP 토큰과 비트코인*Bitcoin*, 이더리움 등 가상자산을 예치해두고 있다. 지분 증명을 통해 블록체인 운영에 기여하는 '스테이킹'에 대한 보상과 유동성 풀 예치에 대한 보상으로 KSP를 실시간으로 지급받는다. 연 수익률은 100% 이상이다.

여기까지 글을 읽고, 앞서 말한 블록체인과 디파이가 대체 무슨 말인지 전혀 모르겠어도 클레이스왑이라는 것에 당장 투자해야겠다는 생각이 들었다면, 잠시 흥분을 가라앉히고 이 책을 정독하길 권한다. 여러분이 지금 할 뻔한 것은 투자가 아니라 투기다.

2020년부터 시작된 전국적인 투자 광풍이 아직까지 거세다. 투자를 안 하는 사람이 없을 정도로 많은 사람들이 투자에 뛰어들었지만, 투자의 본질이 무엇인지, 투자와 투기의 차이가 무엇인지 생각하고 뛰어드는 사람은 별로 없다.

아직 우리 사회에는 투자에 대한 편견이 존재한다. 편하게 돈 버는 일, 운으로 돈 버는 일이라고 오해하는 사람들도 있고, 숭고한 노동을 통해 버는 돈만이 떳떳한 돈이라고 믿는 사람들도 있다. 많은 사람들이 주식이나 부동산을 소유하고 있으면서도 투자라는 분야에 거리감을 느끼고 스스로를 투자자라고 여기지 않는다. 서로의 자산과 투자에 대해 얘기하는 걸 금기시하는 분위기도 여전히 남아 있다. 모두가 투자를 하고 있으면서 동시에 투자를 백안시하는 상황이다. 건강한 투자 문화가 자리 잡지 못하다보니 단기적인 투기 놀음에 빠져드는 길 잃은 투자자들도 많이 생긴다. 나는 이런 사회 분위기 속에서 우리가 놓치고 있는 것은 무엇인지 얘기하고 싶다.

단순히 돈 벌 생각만으로 투자에 접근하는 사람은 도리어 돈에 먹혀버린다. 눈앞의 욕심으로 움직이는 사람은 항상 중요한 본질을 놓치게 되기 때문이다. 투자의 '왜*Why*'와 '어떻게*How*'가 잡히지 않은 상태에서 계속 '무엇*What*'만 찾는 건 대개 잘못된 의사결정으로 이어지고, 결국 돈을 잃게 된다.

운 좋게 세계에서 가장 뛰어난 투자자의 포트폴리오를 엿본다고 해도 그 이면에 깔린 배경지식과 경험까지 볼 수는 없다. 왜, 어떻게 이런 결정을 하게 됐는지 모른 채 무작정 따라 하는 건 오히려 독이 될 수 있다. 투자는 한 번의 선택이 아니라, 끊임없는 선택의 연속이기 때문이다.

뭔가를 살지 팔지 선택하는 것도 선택이지만, 아무 선택 없이 가만히 있는 것도 하나의 선택이다. 아무리 처음 선택을 잘 해도 그 뒤로 안 좋은 선택이 이어지면 좋은 결과로 이어지지 않는다. 무엇에 투자하는지를 알아도 어떻게 투자하는지를 모르면 시장의 불확실성에 이리저리 휘둘리다 결국 돈을 잃어버리기 쉽다.

투자는 단순히 돈을 버는 수단이 아니다. '축적'이라는 목표 아래, 인생의 수많은 의사결정을 도와주는 원칙이자 삶의 방식이다. 하루하루 소모되어 사라지는 삶이 아닌 하루하루 축적되는 삶을 지향하는 자세다.

'투자자'라는 삶의 방식을 통해
얻을 수 있는 것

우리가 일반적으로 생각하는 투자는 돈의 축적이지만, 투자자의 삶을 산다는 건 단순히 돈의 축적만을 목표로 하는 것이 아니다. 세상의 흐름과 현상의 본질을 이해하는 것, 장기적인 시각을 갖고 자잘한 파도에 휩쓸리지 않는 것, 사회통념을 깨고 기회와 위기를 정확히 구분하는 것 등 축적의 원리는 돈뿐만 아니라 공부, 커리어, 인간관계 등 인생의 다른 모든 것과 일맥상통한다.

그래서 투자를 잘하는 사람은 뭘 하든 남들보다 빠르게 본질을 파악하고, 남들보다 빠르게 경험과 실력을 축적하며, 남들보다 빠르게 성장할 수 있다. 어제보다 성장한 오늘을 지향하는 삶, 돈에 갇히기보다 돈으로부터 자유로워지는 삶, 과거의 경험과 노력이 결과로 축적되는 삶, 모두 '투자자'라는 삶의 방식을 통해 얻을 수 있다.

이 책은 돈을 버는 수단으로서의 투자보다는 삶의 방식으로서의 투자에 대해 이야기한다. 투자 자체보다는 투자로 이어지는 의사결정 과정에 더 집중하고, 수익을 얻는 방법론만 얘기하기보다는 수익이 생기는 근본적인 원리를 다루려고 노력했다.

나는 내면의 성장이 곧 외적인 성장으로 이어진다고 믿는다. 투자 실력을 키우고 싶다면 무작정 남들을 따라 투자하는 것보다 투자의 본질에 대해 고민하는 게 더 도움이 된다. 먼저 기본 마인드가 갖춰져야 수박 겉핥기 투자를 벗어날 수 있다. 투자로 어떻게 돈을 더 많이 벌 수 있을지보다는 그 이면의 생각 흐름과 의사결정 과정에 집중하며 책을 읽어줬으면 한다.

내가 투자를 할 때 마음이 편안한 이유

내가 이 책을 통해 달성하고자 하는 목적은 투자의 불확실성에 대한 불안감을 없애는 것이다. 흔히 '리스크(위험)'라고 부르는 불확실성은 투자자의 가장 큰 적이다. 우리가 투자한 돈을 잃게 하는 주범이기 때문이다. 하지만 진짜 우리를 괴롭히는 건 리스크보다는 리스크에 대한 머릿속 불안감이다.

투자를 하다 보면 실제로 돈을 잃지 않아도 돈을 잃을 가능성에 대한 불안감이 머릿속을 끊임없이 채운다. 사람들이 투자에 관해 나에게 가장 많이 물어보는 것 중 하나도 멘탈 관리에 대한 질문이다.

해외주식과 가상자산 거래를 하는 사람들 중에는 한밤중에 가격이 떨어질까봐 잠을 못 이루는 사람들도 있다. 리스크에 대한 불안감은 제대로 된 의사결정을 방해하는 것은 물론, 심할 경우 투자를 시작조차 못하게 만든다.

나는 항상 투자를 할 때 마음이 편하다. 투자는 오히려 내 불안감을 없애주는 일이다. 마음 편한 투자가 가능한 건 내가 특별히 멘탈이 강해서도 아니고, 리스크가 없는 투자를 하기 때문도 아니다.

어떤 리스크가 있는지 제대로 공부하고, 그 리스크를 관리하기 때문이다. 제대로 모르고 하는 투자는 눈을 감고 차도를 횡단하는 것과 같다. 방향 감각도 없고, 옆에서 차가 오는지 안 오는지 확인할 수가 없으니 불안할 수밖에 없다. 두 눈을 치켜뜨고 도로의 상황을 지켜보면서 건너면 훨씬 안전하고 마음도 편하다. 리스크를 완전히 없애는 건 불가능하지만, 리스크를 하나하나 따져보고 평가할 수는 있다.

투자가이자 경제학자인 벤저민 그레이엄*Benjamin Graham*의 말처럼 투자는 리스크를 관리하는 것이지 피하는 게 아니다. 리스크를 관리하는 것이란 단순히 리스크를 최대한 줄이는 일이 아니라, 리스크에 따른 보상을 감안해 리스크 대비 최고의 보상을 받을 수 있는 포지션을 찾는 것이다. 내가 가진 돈을 분배할 수 있는 다양한 옵션을 하나하나 따져보고 마음이 가장 편안한 포지션을 찾는 일이기 때문에 제대로 투자를 했다면 마음이 편해야 정상이다.

앞서 말한 클레이스왑에 투자하는 게 불안하게 느껴졌다면 그건 애초에 공부가 부족한 상태에서 결정을 했기 때문이다. 마음속 불안감은 아직 투자를 시작할 준비가 되지 않았다는 신호다. 어떤 위험 요소가 있는지 정확하게 파악하고 위험 대비 보상이 충분히 매력적이라는 믿음이 생기면 불안감은 사라진다.

투자가 어렵다고 '리스크 관리가 귀찮으니까 나는 그냥 피할래'라는 생각이 들었다면, 그리고 단순히 전 재산을 현금으로 들고 있는 것만으로 리스크를 피할 수 있다고 생각했다면 다시 한번 생각해보길 바란다. 뭘 하든 리스크를 완전히 제거하는 건 불가능하다.

심지어 아무것도 안 하는 것도 리스크가 있다. 앞서 투자에 대한 불안감 때문에 투자를 시작하지 못하는 사람들이 많다고 했지만, 사실 자본주의 사회에서 살아가는 모두가 이미 투자자다.

투자를 한 번도 안 해봤다고 생각하는 사람도 실제로는 자기도 모르게 투자를 하고 있다. 단지 별생각 없이 현금에 전 재산을 '몰

금 대비 달러화의 가치 하락
출처: Mlints, CC-BY-SA 3.0

STAGE 1. 왜 투자자의 삶을 살까?

빵' 투자하고 있기 때문에 투자를 안 하고 있다고 착각할 뿐이다. 생각 없이 투자하는 사람이 눈을 감고 차도를 횡단하는 사람이라면, 투자를 안 하는 사람은 눈을 감고 가만히 서 있는 사람이다. 본인은 인도에 있어 안전하다고 생각하지만 완벽한 환상이다. 현금도 가치 하락의 위험을 피할 수 없기 때문이다.

돈의 가치는 여러분이 태어나기 전부터 그리고 태어난 후에도 꾸준히 떨어지고 있다. 예전에는 1만 원만 가지고도 할 수 있는 게 많았지만, 지금은 별로 할 수 있는 게 없다. 5만 원은 있어야 예전 1만 원 정도의 구매를 할 수 있다. 현금의 구매력이 5분의 1로 줄었다는 건 현금의 가치가 80% 이상 하락했다는 뜻이다. 수익률로 따지면 -80%나 다름없다.

1971년 미국이 금본위제도金本位制度, 화폐 단위의 가치와 금의 일정량의 가치가 등가관계를 유지하는 본위제도를 버린 이후 달러의 가치도 폭락해왔다. 워런 버핏Warren Buffett이 투자자들에게 보낸 편지 중에 47년 동안 달러화의 가치가 86% 하락했다는 내용이 있다. 47년 전에 1달러로 살 수 있던 물건을 지금은 7달러를 내야 살 수 있는 것이다. 47년 동안 전 재산을 현금으로 보관한 사람은 실질적으로 -86%의 수익률을 기록한 셈이다.

돈이라는 건 정부가 계속 찍어낼 수 있기 때문에, 가치는 영원히 조금씩 떨어질 수밖에 없다. 돈의 액수가 줄어들지는 않는다는 점에서 표면적으로는 안전해 보이지만, 실질적으로는 가치가 조금씩 증발한다. 특히 정부가 돈을 많이 찍어내는 경제 위기가 닥칠 때마다 화폐가치 하락은 점점 가속화되고 반대로 자산가치는 점점 상승한다.

2008년 금융위기 이후 미 증시에 10년간 전례 없는 상승이 이어진 것도 양적완화 정책을 통해 시장에 돈을 많이 풀었기 때문이다. 2020년 코로나 대봉쇄 때는 2008년은 비교도 안 될 정도의 양의 돈을 더 빠른 속도로 시장에 풀었다. 타격은 자산의 대부분을 현금으

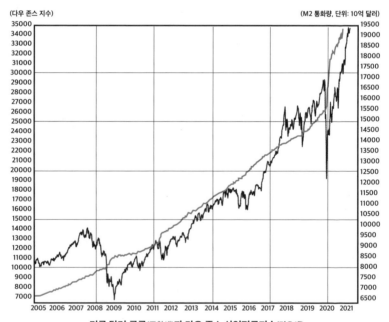

미국 달러 공급(주황색)과 다우 존스 산업평균지수(검은색)
출처: StockCharts.comd 참고

로 갖고 있는 사람이 고스란히 받는다. 2020년에 자산에 투자한 사람은 벼락부자가 되었고, 투자를 안 하고 현금만 갖고 있던 사람은 벼락거지가 되었다. 이런 시대에 예금을 고집한다는 건 안전불감증에 빠진 것이나 다름없다.

사실 내가 말하고 있는 내용은 대단한 비밀이 아니다. 현금 가치가 계속해서 떨어진다는 건 이미 많은 사람들이 알고 있는 상식이다. 그럼에도 사람들이 섣불리 본격적인 투자에 나서지 못하는 이유는 투자의 리스크(위험)에 대한 막연한 불안감 때문이다.

이 막연한 거부감을 깨지 못하면 부자가 될 수 없다. 어차피 리스크를 피할 수 없다면, 가능한 한 리스크를 정확히 알고 관리하는 게 최선의 방법이다. 투자를 하냐 마냐에 대해서는 우리에게 선택권이 없다. '의식적으로' 하냐 마냐, '언제' 제대로 시작하냐를 결정할 수 있을 뿐이다.

〈이상한 나라의 앨리스〉의 속편인 〈거울나라의 앨리스〉를 보면 "제자리에 있고 싶으면 죽어라 뛰어야 한다"는 말이 나온다. 주변 세계도 같이 움직이기 때문에 다른 곳에 가고 싶으면 2배는 더 빨리 달려야 한다는 것이다. 모두가 성장하는 환경에서 가만히 있는 건 퇴보나 다름없다. 뒤처지지 않기 위해서라도 오늘부터 움직여야 한다.

시간과 돈을 어떻게 투자하느냐에 따라
남은 인생이 결정된다

투자를 꼭 뭔가를 얻기 위해서, 남들보다 뒤처지지 않기 위해서 하는 것만은 아니다. 투자는 재미있는 일이다. 낙관적인 미래를 그리는 일이기 때문이다. 학교생활과 직장생활이 항상 똑같은 일상을 반복하고 현재의 문제에 시달리는 일이었다면, 투자는 기술의 발전과 새로운 서비스에 관심을 갖고 미래의 가능성에 대해 고민하는 설레는 일이다.

나 역시 직장인 시절부터 투자하는 걸 가장 즐거운 취미로 삼았다. 나는 회사에서 언론 커뮤니케이션과 관련된 일을 했다. 신문을 읽으며 업계 기사를 모니터링하고, 보도자료 작성과 기자 간담회를 통해 외부에 회사의 주요 방향성과 이슈에 대해 알리는 일이었다. 나름 유익하고 행복한 회사생활이었지만 대부분 현재 눈앞에 놓인 문제를 해결하는 일의 반복이다보니 이따금씩 지겨운 마음이 드는 건 어쩔 수 없었다.

일과 상관없이 감정적인 소모를 해야 할 때도 많았다. 기사 모니터링을 핑계로 매일 신문을 보며 움직이는 세상의 흐름을 읽고 그 다음엔 세상이 어떻게 돌아갈지 예측해보는 일이 회사생활의 낙이었다. 같은 일을 두고도 사람마다 다양한 시각과 예측을 보이는 게 재미있었다. 나만의 예측을 토대로 투자를 하고 투자 수익을 통해 그 예측의 결과를 확인하는 일은 더 즐거웠다.

내가 다녔던 회사는 변화에 보수적인 전통 산업군에 속했지만 애플, 구글, 테슬라 등 세상의 변화에 앞장서는 회사에서 일하지 않아도 투자를 통해 그 회사의 어깨에 올라탈 수 있다는 점이 투자의 장점이었다. 오히려 그런 회사에서 일하는 것보다 투자를 하는 게 여러 군데에 발을 걸쳐 놓을 수 있다는 점에서 낫다는 생각도 들었다.

나에게 투자는 세상에 가장 큰 가치를 전달할 것 같은 팀을 응원하는 하나의 스포츠와 같다. 투자의 가장 좋은 점은 투자를 통해 경제적 자유, 나아가 시간의 자유를 얻을 수 있다는 것이다. 시간은 모두에게 똑같이 주어지는 가장 소중한 자산이다. 돈이 아무리 많은 사람도 시간이 지나면 늙어버리고, 주어진 시간이 모두 떨어지면 죽는다. 돈으로 시간을 사서 영원히 살 수 있다면 좋겠지만, 한 번 지나버린 시간은 돈을 주고 다시 사올 수 없다. 그래서 우리에게 주어진 시간을 최대한 가치 있게 사용하는 게 인생에서 가장 중요하다.

여기에 함정이 하나 있다. 돈으로 내 인생의 시간을 살 수는 없지만, 남의 시간을 사서 쓸 수는 있다는 것이다. 하루 24시간은 모두에게 똑같이 주어지지만, 실제로는 자산의 규모에 따라 실질적으로 쓸 수 있는 시간이 달라진다.

모든 사람은 생계를 유지하기 위해 돈이 필요한데, 자산 규모가 작으면 대부분의 시간을 이 돈을 벌기 위한 노동에 사용해야 한다. 반대로 돈이 많은 사람은 돈을 벌기 위해 자신의 시간을 쓸 필요가 없다. 이렇게 보면 우리가 각자 주어진 시간과 돈을 어떻게 현명하게 투자하느냐에 따라 남은 인생이 결정된다. 돈을 벌기 위해 평생 하기 싫은 일을 해야 할 수도 있고, 자유롭게 하고 싶은 일을 하며 살 수도 있다. 돈을 아무리 많이 버는 사람도 돈 버느라 자기 마음대로 쓸 시간이 없다면 진정한 경제적 자유가 있다고 할 수 없다. 돈을 벌기 위해 내 시간을 다 쓸 필요가 없는, 내 시간을 자유롭게 쓸 수 있는 사람이 진정한 부자다.

내가 어느 정도 돈을 번 후 가장 먼저 산 것도 시간이다. 나는 직장을 다니며 일주일에 5일 8시간씩 40시간을 회사에서 일했다. 출퇴근 준비시간과 이동시간까지 합치면 체감상 주중에 깨어 있는 시간의 절반 이상을 몇 천만 원의 연봉을 받기 위해 쏟는 셈이었다. 황금 같은 20대 후반의 절반을 회사에 투자했지만 크게 바뀌는 건 없었다. 이대로 가다간 남은 인생의 절반도 회사에 투자해야 할 판이었다.

변화의 계기는 불현듯 찾아왔다. 정확히 기억나지 않지만 아마 누군가의 자서전을 읽다가 그랬던 것 같다. 내가 왜 회사에 계속 다니는 선택을 하고 있는지, 그만큼의 시간을 쏟을 가치가 나오고 있는지 스스로 질문을 던졌다. 입사 초기에는 확실히 회사를 다닐 만한 가치가 있었다. 회사 생활은 나름 재미있었고 배우는 것도 굉장히 많았다. 큰 자본 없이도 안정적인 현금 흐름을 만들어낼 수 있고 대출도 잘 나왔기 때문에 의외로 투자하기도 아주 좋은 환경이었다.

안정적인 현금 흐름이 투자 자금이 되기도 하고, 더 공격적인 투자를 할 수 있게 해주는 안전망이 돼주기도 했다. 하지만 시간이 갈수록 회사생활의 가치는 점점 떨어졌다. 경험과 지식이 쌓일수록 업무는 루틴한 일상이 되기 시작했고 5년, 10년 뒤에도 똑같은 일을 하고 있을 확률이 높았다. 자산 규모가 커지면서 월급의 메리트도 조금씩 사라졌다. 월급을 안 받아도 티가 안 날 정도로 월급이 내 자산 성장에 기여하는 비중이 줄어들었다.

어느 순간부터는 내 시간을 헐값에 팔아넘긴다는 기분이 들기 시작했다. 회사를 관성적으로 다니고 있다는 생각을 지울 수 없었다. 아무런 선택 없이 가만히 있는 것도 하나의 선택이라면, 나는 매일매일 비합리적인 선택을 하고 있었다. 별로 좋은 투자가 아니었다.

직장생활이라는 건 내 시간과 노동을 쏟아서 돈을 버는 것이기 때문에 결국 내 시간에 얼마큼의 가치를 부여할 것인가가 관건이었던 것 같다. 내 소득의 100%가 직장에서만 나온다면 이걸 아무 계획 없이 벗어던지고 나오는 건 무모한 짓이었다. 반대로 돈 문제만 해결되면 굳이 더 오래 다닐 필요가 없다는 생각이 들었다.

경제적 자유까진 아니더라도 경제적 안전망 정도만 있어도 좋겠다고 생각했다. 바로 돈을 얼마나 벌어야 앞으로 평생 회사에서 보낼 시간을 살 수 있을지 계산해봤다. 내가 다닌 회사는 직급 연한과 연봉이 정해져 있어서 향후 예상 수입을 측정하는 게 가능했다. 입사해서 대략 15년 근무를 했을 때 세금 떼고 순수하게 손에 쥐는 게 10억이 조금 넘었다. 20년을 다닌다고 생각하면 15억 정도였다. 서른 살 이후 평생 동안 직장에서 보냈을 시간을 사는 것 치고는 굉장히 쌌다. 결국 퇴사를 결정했다.

경제적 자유가 바탕이 된 시간의 자유는 그 무엇과도 바꿀 수 없이 값지다. 남들 일할 때 일을 안 해도 되는 것, 필요에 의해 일하는 게 아닌 열정에 의해 일하는 건 정말 즐거운 일이다. 돈 걱정 없이 취미를 직업으로 삼을 수도 있고 마음대로 직업을 바꿀 수도 있다. 해보고 싶었던 카페 알바를 해도 되고 원하는 공부를 해도 된다. 물론 아무것도 안 해도 아무 문제가 없다. 황금 같은 젊음을 진짜 황금같이 쓸 수 있다.

회사를 퇴직한 나에게 사람들은 이제 '전업' 투자자가 된 거냐고 묻지만, 투자는 단순히 직업으로 부를 수 없다. 직업과 투자는 별개다. 직업이 정속으로 성장하는 덧셈 성장의 길이라면 투자는 점점 성장 속도가 빨라지는 곱셈 성장의 길이다. 투자에 관심 없는 사람들처럼 덧셈만 할 수도 있지만, 직장을 다니며 투자를 했던 나처럼 덧셈과 곱셈을 둘 다 할 수도 있다. 덧셈이 의미 없어질 정도로 자본이 커지면 곱셈만 해도 된다.

일단 투자에 대해 제대로 알고 나면, 불안하기만 했던 투자는 오히려 마음의 안정, 나아가 경제적 안정을 주는 능력이 된다. 남들보다 먼저 다가오는 미래에 대비하는 투자라는 행위는 어떤 직장도 줄 수 없는 안정감을 준다. 투자를 하는 것보다 오히려 투자하지 않는 게 더 불안해진다.

내가 직장을 나온다고 했을 때 불안한 삶을 택한다며 걱정하는 사람들이 많았지만, 나는 반대로 사람들이 너무 직장에만 의존하는 건 아닌지 걱정이 든다. 직장에서 일하지 않는 게 불안하다는 건, 일하지 않으면 생계를 유지할 자신이 없다는 뜻이기 때문이다. 직장 밖의 삶이 위험한 것이 아니라 직장에 의존해야 살 수 있는 삶이 더 위험하다.

나는 이미 평생 일해서 벌 수 있는 것보다 훨씬 많은 돈을 벌었지만, 마음의 안정감은 돈에서 나오는 것이 아니다. 이 돈을 다 기부하고 처음부터 다시 시작한다고 해도 부를 쌓을 수 있다는 자신감에서 나온다. 한 번 돈을 버는 법을 터득하면 더 이상 돈을 잃는 게 불안하지 않다.

축적을 통해
인생을 스노우볼링하는 방법

첫 번째 투자를 열한 살 때 시작했다.
그 이전의 삶은 전부 낭비였다.
_워런 버핏

투자 얘기를 본격적으로 시작하기 전에 '축적되는 삶'을 위한 나만의 습관을 몇 가지 공유하려고 한다. 건강한 투자에도 큰 도움이 되지만, 투자뿐만 아니라 다양한 삶의 '축적'에 도움을 주는 방법들이다.

습관 1 자산 현황을 한곳에 모아 관리하라

너무나 당연한 것처럼 느껴지는 사람도 있겠지만 생각보다 많은 사람들이 본인이 지금 정확히 재산을 얼마나 갖고 있는지도 모르고 산다. 대략 어디에 얼마, 어디에 얼마가 있는지 가늠만 하고 있는 경우가 많다. 현금 비중이 얼마인지, 투자 규모가 얼마인지, 레버리지 율이 어느 정도인지를 모르면 자산 배분도 제대로 할 수 없고 리스크 관리도 어렵다. 여러 은행과 증권사에 분산되어 있는 자산을 한데 모아 실시간으로 확인할 수 있어야 시장의 변화에 따른 투자 전략을 세울 수 있다.

다음 목표를 세우는 것도 현재 자기가 어느 위치에 있는지 정확히 알아야 가능한 일이다. 그래서 모든 자산 현황을 한눈에 볼 수 있는 페이지를 만들어 두는 게 중요하다.

나는 클라우드 문서인 구글 스프레드시트*Google Spreadsheet*를

자산관리 템플릿 샘플

통해 자산을 관리한다. 2016년부터 자체적으로 자산관리 템플릿을 만들어 자산 현황을 기록하고 있다. 자산의 종류, 이름, 수익률, 개수, 가격, 투자 규모, 환율, 배당, 비중, 레버리지율 등 자산관리에 필요한 모든 걸 한눈에 보고 확인할 수 있다. 클라우드에 저장되기 때문에 저장을 잘못하거나 파일을 잃어버릴 염려도 없다. 인터넷만 연결되어 있다면 휴대폰과 컴퓨터를 통해 어디서든 확인하고 수정할 수 있다.

구글 스프레드시트가 좋은 점은 주식의 가격이나 환율 등을 직접 입력하지 않고도 함수를 통해 자동 업데이트할 수 있기 때문이다. 이 문서에서 흰색으로 표시된 칸만 직접 수정하면 되고, 주식 가격, 환율 등은 처음만 잘 입력해두면 구글 파이낸스*Google Finance* 함수를 통해 자동으로 업데이트된다. 처음 사용할 때 약간의 연구가 필요하지만 각 셀에 어떤 함수가 쓰여 있는지 눌러보면서 사용법을 익혀두면 두고두고 편리하게 사용할 수 있다.

혹시 같은 템플릿을 사용하고 싶다면 내가 사용하는 것과 같은 샘플 문서를 만들어 두었으니 다음 QR코드로 접속해 복사하면 된다. 해당 링크는 공유 문서 샘플이기 때문에 직접 수정할 수는 없다. 본인의 구글 아이디로 로그인한 상태에서 시트 복사본을 본인 소유의 새 스프레드시트에 옮겨 사용하면 된다.

문서 맨 아래에 있는 시트 이름 탭에서 시트 이름 옆에 있는 화살

자산관리 템플릿 링크 QR코드

표를 누르고 '다음으로 복사'를 눌러 '새 스프레드시트'를 선택하면
된다. 자산과 숫자는 임의로 적어둔 것이기 때문에 문서를 복사한 후
에 본인의 자산 현황에 맞게 직접 수정해서 사용하면 된다.

종류	이름	수익률	계수	개당 가격	평단가	환율	평가액	투자금	수익	배당	배당률	연배당	비중
현금	A은행 주계좌	-	1	500,000,000	-	1	₩500,000,000	-	-	-	-	-	15.23%
현금	A은행 2계좌	-	1	-20,000,000	-	1	-₩20,000,000	-	-	-	-	-	-0.61%
현금	B은행 1계좌	-	1	20,000,000	-	1	₩20,000,000	-	-	-	-	-	0.61%
현금	C뱅크 1계좌	-	1	30,000,000	-	1	₩30,000,000	-	-	-	-	-	0.91%
현금	원화 현금	-	1	1,000,000	-	1	₩1,000,000	-	-	-	-	-	0.03%
현금	달러 현금	-	1	500	-	1,127.8	₩563,895	-	-	-	-	-	0.02%
적금	A은행 연금	2.8%	1	4,414,953	-	1	₩4,414,953	4,293,220	-	-	-	-	0.13%
격금	B은행 청약	-	1	10,000,000	-	1	₩10,000,000	-	-	-	-	-	0.30%
현금	원화 예수금	-	1	57	-	1	₩57	-	-	-	-	-	0.00%
배당주	신한지주	-19.4%	3000	40,300	50,000	1	₩120,900,000	150,000,000	-29,100,000	1,682	4.17%	5,046,000	3.68%
배당주	KB금융	12.6%	2000	56,300	50,000	1	₩112,600,000	100,000,000	12,600,000	2,161	3.84%	4,322,000	3.43%
배당주	우리금융지주	30.8%	12000	10,900	8,333	1	₩130,800,000	100,000,000	30,800,000	518	4.75%	6,216,000	3.98%
배당주	하나금융지주	11.8%	2000	44,700	40,000	1	₩89,400,000	80,000,000	9,400,000	1,854	4.15%	3,708,000	2.72%
배당주	기업은행	-16.0%	8000	10,500	12,500	1	₩84,000,000	100,000,000	-16,000,000	511	4.87%	4,088,000	2.56%
성장주	맥쿼리인프라	20.5%	10000	12,050	10,000	1	₩120,500,000	100,000,000	20,500,000	727	6.03%	7,270,000	3.67%
성장주	NAVER	323.5%	300	360,000	85,000	1	₩108,000,000	25,500,000	82,500,000	334	0.09%	100,200	3.29%
현금	달러 예수금	-	1	145.52	-	1,127.8	₩164,116	-	-	-	-	-	0.00%
성장주	TSLA	991.9%	500	580.9	53.20	1,127.8	₩327,555,328	30,000,000	297,555,328	0.00	0.00%	0	9.98%
성장주	AAPL	324.4%	1500	125.4	29.56	1,127.8	₩212,188,050	50,000,000	162,188,050	3.28	2.62%	5,548,727	6.46%
성장주	PLTR	-2.5%	5000	21	21.28	1,127.8	₩117,008,213	120,000,000	-2,991,788	0.00	0.00%	0	3.56%
성장주	GOOGL	72.5%	20	2,294	1,330.03	1,127.8	₩51,745,937	30,000,000	21,745,937	0.00	0.00%	0	1.58%
성장주	AMZN	20.4%	10	3,203	2,660.07	1,127.8	₩36,124,016	30,000,000	6,124,016	0.00	0.00%	0	1.10%
성장주	MSFT	38.3%	150	245.2	177.34	1,127.8	₩41,475,041	30,000,000	11,475,041	2.04	0.83%	345,104	1.26%
성장주	NVDA	305.8%	300	600	147.78	1,127.8	₩202,890,549	50,000,000	152,890,549	0.64	0.11%	216,536	6.18%
리츠	SRET	-62.9%	10000	9.88	26.60	1,127.8	₩111,425,652	300,000,000	-188,574,348	1.15	11.64%	12,969,585	3.39%
현금	가상자산 예수금	-	1	0	-	1	₩0	-	-	-	-	-	0.00%
블록체인	BTC	1223.6%	10.000	39,707,118	3,000,000	1	₩397,071,175	30,000,000	367,071,175	-	-	-	12.10%
블록체인	ETH	1664.2%	150.00	2,352,243	133,333	1	₩352,836,432	20,000,000	332,836,432	-	-	-	10.75%
블록체인	KSP	525.0%	1000	50,000	8,000	1	₩50,000,000	8,000,000	42,000,000	-	-	-	1.52%
귀금속	금	-	1	20,000,000	-	1	₩20,000,000	-	-	-	-	-	0.61%
귀금속	Rolex DayDate	-	1	50,000,000	-	1	₩50,000,000	-	-	-	-	-	1.52%

자산관리 템플릿 자산관리표

가장 큰 표의 맨 왼쪽을 보면 각 자산의 종류를 적을 수 있는 자산관리표가 있다. 한 줄당 하나의 자산을 나타낸다. 맨 왼쪽 열에 현금, 성장주, 리츠 등 자산의 종류를 적으면 해당 종류의 자산 평가액이 하나로 합산되어 템플릿 맨 위에 있는 작은 표에 나타난다.

미국 주식의 경우 자산 이름에 TSLA(테슬라), AMZN(아마존), AAPL(애플) 등 티커(호가 시스템에 나타나는 약자)를 써두면 자동으로 한 주당 가격이 구글 파이낸스 함수를 통해 업데이트된다. 투자한 주식의 개수와 투자금을 입력하면 수익률과 평단가, 수익 등 회색으로 칠해진 칸이 자동으로 업데이트된다.

한국 주식의 경우 티커를 통해 가격을 업데이트할 수 없기 때문에 상장된 시장에 따라 KRX(유가증권시장) 혹은 KOSDAQ(코스닥) 뒤에 주식코드를 붙여주면 된다. 신한지주의 경우 흔히 코스피라고도 부르는 유가증권시장에 상장되어 있고 주식코드가 055550이기 때문에 셀에 '=GOOGLEFINANCE("KRX:055550")'과 같이 함수를 작성하면 된다. 작은 따옴표는 빼고 '='부터 ')'까지 입력하면 된다. 코스닥에 상장된 JYP엔터테인먼트를 예로 들면 '=GOOGLEFINANCE("KOSDAQ:035900")'과 같이 쓰면 가격을 자동으로 업데이트할 수 있다. 배당을 지급하는 주식의 경우 '배당' 칸에 1주당 지급하는 1년 배당금의 액수를 기입하면 배당수익률과 주식 보유량에 따른 총 연배당수익을 확인할 수 있다. 또 각 표의 오른쪽을 보면 그 종류의 자산이 총 순자산 대비 어느 정도의 비중을 차지하는지 확인할 수 있다.

'자산관리 템플릿 샘플' 맨 오른쪽의 파이 차트에는 더 자세한 배분 현황이 나온다. 내 전 재산이 현금, 주식, 부동산, 가상자산에 어떻게 분배되어 있는지 수시로 확인하는 것은 리스크 관리에 필수적인 요소다. 자산의 최소 10% 정도는 현금성 자산으로 갖고 있는 게 좋고, 나머지 투자금은 본인의 전략에 따라 분배하면 된다.

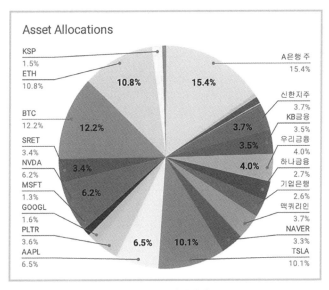

자산관리 템플릿 파이 차트

아직 젊다면 배당은 지급하지 않지만 가치가 더 빠르게 성장하는 성장주나 기술주 위주로 투자해 시드 자체를 키우고, 나이가 있다면 안전하게 꾸준히 고정 소득을 지급하는 배당주나 부동산의 비중을 늘리는 것이 좋다. 사람들이 가장 많이 추천하는 방법은 본인 나이 정도의 비중을 고정소득이 나오는 자본에 투자하는 것이다. 60세라면 자산의 60%를 안정적인 배당주나 부동산에 투자하고, 30세라면 자산의 30%만 이런 곳에 두고 나머지는 좀 더 리스크 있는 투자 수단을 이용하는 식이다.

템플릿 오른쪽 위에는 자산 성장을 나타내는 그래프가 있다. 위 그래프는 템플릿 아래에 있는 월별 자산 현황에 따라 그려진다. 매월 말 본인의 순 자산이 얼마인지를 꾸준히 기록해 나가면서 기록을 시작한 이래 총 수익률이 얼마인지, 월 평균 수익률이 얼마인지, 성장 그래프는 어떻게 그려지는지 확인할 수 있다. 정속으로 천천히 덧셈 성장을 하는 사람은 그래프의 기울기가 일정한 우상향을 그릴 것이고, 투자를 통해 곱셈 성장을 하는 사람은 기울기가 점점

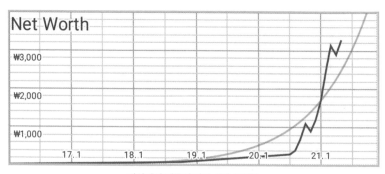

자산관리 템플릿 자산 성장 그래프

가팔라지는 기하급수 그래프를 그릴 것이다. 각자 어떤 모양의 성장 그래프를 그리고 있는지 확인해보자.

그 아래에는 본인의 현금 흐름을 정리할 수 있는 표가 있다. 1년에 벌어들이는 노동 소득이 얼마인지 아래에 한 번 적어보자. 직장인이라면 연봉을 적으면 되고, 개인사업자라면 연 순이익을 적으면 된다. 다음 칸에는 대략의 세후 연봉과 월소득이 나온다.

종류	연소득	세후 연소득	세후 월소득
노동 소득	₩ 70,000,000	₩ 52,500,000	₩ 4,375,000
자본 소득	₩ 49,540,684	₩ 42,109,582	₩ 3,509,132
합계	₩ 119,540,684	₩ 94,609,582	₩ 7,884,132

자산관리 템플릿 현금흐름표

그 다음 1년에 벌어들이는 자본 소득이 얼마인지 한 번 적어보자. 배당을 지급하는 자산을 갖고 있다면 자산관리 템플릿 배당칸에 연 배당수익을 적어두고 관리할 수 있다. 한 주당 연간 지급하는 배당액을 적어두면 보유한 개수에 따라 자동으로 연간 배당수익이 계산되고 템플릿 오른쪽에 있는 현금흐름표에 배당수익으로 합산된다.

노동에서 벗어나기 위해 필요한 조건

모두 적었다면 노동 소득과 자본 소득의 비율이 어느 정도 되는지 확인해보자. 자본 소득에 대한 투자 없이 회사만 다니고 있다면 둘의 비율이 100:0이다. 반면 일을 전혀 안 하고 있는 건물주라면 노동 소득은 없지만 자본 소득만 있기 때문에 그 비율이 0:100이다. 회사를 소유하면서 직접 일도 하는 사장이라면 본인의 연봉:배당 비율이 될 것이다.

첫 번째 단기 목표는 건물주와 같이 노동 소득과 자본 소득의 비중을 50:50에 가깝게 만드는 것이다. 숨만 쉬어도 일해서 버는 만큼 돈이 들어오는 시스템이다. 초기에는 자본이 없기 때문에 노동이 유일한 소득의 원천일 수밖에 없다. 하지만 노동으로 번 돈을 투자해 자본을 쌓고, 자본 소득의 비중을 조금씩 늘려가면서 노동 소득에 대한 의존도를 조금씩 줄여가는 게 좋다. 병에 걸려 아프든 나이 들어 실직하든 노동을 못하게 되는 순간 노동이라는 선택지는 사라지기 때문이다. 내가 자본을 전혀 쌓지 못했더라도, 시간이 지나면 강제로 자본 소득만으로 살아야 하는 시기가 온다. 시간은 여러분 편이 아니라는 뜻이다. 다행히 자본 소득을 만드는 건 아무리 가진 돈이 적어도 시작할 수 있다.

요즘은 부동산도 리츠*REITs*라고 부르는 부동산투자신탁을 통해 주식처럼 지분을 5000원 단위로 쪼개 살 수 있다. 오히려 건물을 직접 사는 것보다 낫다. 관리에 대한 부담이 없기 때문이다. 연 5%를 지급하는 리츠나 배당 주식을 5억 원만 갖고 있어도 한 달에 200만 원씩 배당금을 받을 수 있다. 자본은 커질수록 성장 속도도 빨라지기 때문에, 결국 언젠가는 자본 소득이 노동 소득보다 커지는 시점이 온다. 100:0을 50:50으로 만들기까지는 정말 어렵지만 50:50에서 0:100까지 도달하는 건 비교적 쉽다.

노동에서 벗어나는 데 필요한 자금은 보통 10억 원 정도다. 10억 원 정도면 직장에서 나오는 정도의 현금 흐름을 안정적으로 만들 수 있다. 국내 배당 주식으로 포트폴리오를 구성하면 1년에 약 5%대의 배당을 노릴 수 있다. 1년에 4000~5000만 원 정도를 배당으로 받으면 생활비는 어느 정도 해결된다. 그 이상 생기는 돈은 하고 싶은 사업이나 투자로 더 크게 굴리는 데 사용하면 된다. 30억 정도만 있으면 10억 원은 평생 안정적인 소득을 만드는 데 사용하고 나머지 20억 원을 굴려 자본 소득을 늘릴 수 있다.

간혹 투자를 시작하기 전에 1000만 원 혹은 1억 원의 자본금을 모아야 한다고 믿는 사람들이 있다. 1억 원이 중요한 분기점인 건 맞다. 곱셈 성장이 덧셈 성장보다 커지기 시작하는 시기이기 때문이다. 하지만 일반인이 처음부터 1억 원이라는 큰돈을 모으기란 쉽지 않다. 한 달에 100만 원씩 저축해서 1억 원을 모으려면 8년을 모아야 하고, 200만 원씩 모은다고 생각해도 4년을 내리 저축해야 한다. 4년이라는 시간 동안 놓치는 투자 기회들을 생각하면 기회비용이 너무나도 많다. 돈보다 귀한 자산인 시간을 버리는 셈이다.

투자금을 모아서 투자를 시작하겠다는 말은 그냥 투자를 하기 싫다는 말이다. 귀찮은 일을 미루기 위한 평계에 불과하다. 시드가 아무리 작더라도 무조건 투자를 통해 불려가는 것이 훨씬 좋다. 투자금이 작을 때는 100만 원으로 10%를 벌어도 10만 원 정도밖에 안 되기 때문에 투자를 하는 게 큰 의미가 있나 싶을 수도 있다. 하지만 투자금이 얼마든 결국 10%는 10%다. 10%만큼 자산이 성장하는 건 똑같다. 투자금이 작으니까 수익도 작아 보이는 것뿐이지 절대 무시할 만한 수익률이 아니다. 조금의 수익이라도 더 내서 1000만 원, 1억 원까지 조금이라도 더 빨리 도달하는 게 중요하다.

또 시드가 작을 때부터 투자를 해야 시행착오로 잃는 돈을 줄일 수 있다. 1억 원의 시드를 만들어 투자한다고 해서 100만 원을 투자할 때보다 더 잘하게 되는 것은 아니다. 투자 수익률은 시드 크기가 아니라 의사결정에서 나온다. 100만 원부터 1억 원으로 키워온 투자자가 당연히 1억에서 시작하는 투자자보다 투자를 잘한다. 실수는 1억 원을 굴릴 때보다 100만 원을 굴릴 때 하는 게 낫다.

레버리지에서 가장 중요한 것

확실한 기회가 눈앞에 있는데 아직 투자 경력이 길지 않아 투자금이 많이 없는 상태라면 시간을 사는 방법도 있다. 바로 대출, 즉 레버리지를 이용하는 것이다. 자산관리 템플릿에 마이너스로 현금을 기록하면 맨 위 작은 표에서 내 자산 대비 대출의 비율인 레버리지 비율을 확인할 수 있다.

레버리지를 무조건 안 좋다고 생각하는 사람들도 있지만, 이 세상 모든 것이 그렇듯이 레버리지는 각자 쓰기 나름이다. 제일 든든한 무기가 될 수도 있고, 스스로를 겨누는 칼이 될 수도 있다. 사람들이 레버리지를 사용해 피해를 보는 이유는 레버리지를 사용해서가 아니라 잘못된 타이밍에 레버리지를 사용해서다.

그냥 본인이 형편없는 투자를 했을 뿐인데 레버리지 핑계를 대는 것이다. 1억을 대출 받아 투자에 실패한 사람은 1억을 대출 받지 않았어도 투자에 실패했을 것이다. 레버리지에서 가장 중요한 것은 타이밍이다. 앞서 말했듯이 레버리지는 '확실한 기회가 눈앞에 있을 때'에만 사용하는 것이 현명하다.

나는 투자금이 1억 5000만 원이 될 때까지 무차입으로, 온전히 내 돈만 가지고 투자를 했다. 그 전에도 크고 작은 기회들이 있었지만 대출까지 써야 할 만한 기회는 아니라고 생각했다.

그러다 2020년 3월 코로나 대폭락을 만났다. 사람들이 패닉에 빠져 현금을 모으기 위해 모든 것을 팔아 치우기 시작할 때였다. 국내 및 해외 증시는 물론이고 가상자산 시장까지 모든 부문의 가격이 폭락했다. 10년에 한 번 올 만한 기회였다. 이 정도의 폭락은 절대 실패하지 않을 기회였기 때문에 비교적 마음 편하게 레버리지 사용을 결정할 수 있었다.

직장인이었기 때문에 대출을 받는 것은 쉬웠다. 신한은행에서 1억 원 한도의 마이너스통장을 뚫고 제주은행에서 3300만 원의 추가 신용대출을 받았다. 당연히 결과는 성공이었고 2020년 4월 한 달간 50%의 수익을 올렸다. 레버리지를 이용해 1억 5000만 원이었던 투자금을 3억 원에 가깝게 올린 덕분이었다.

여전히 빚투(빚내서 투자하기)가 굉장히 유행이지만, 2021년 8월 현재 빚내서 투자하기 좋은 타이밍은 아니다. 내가 레버리지를 사용했던 폭락장은 모두가 자산을 팔아 치우며 현금을 원하던 시기이기 때문에 현금을 빌리기 좋은 타이밍이었다. 지금은 반대로 자산 가격이 치솟아 코로나 이전보다 훨씬 높은 수준까지 올라갔다. 이럴 때는 빚을 얻어 투자하기 좋은 타이밍이 아니다. 오히려 현금 비중을 다시 조금씩 늘려가야 하는 시기다.

자동차는 연봉에 맞춰 사는 것이 아니다

레버리지는 제대로 사용하면 훨씬 빠르게 자산 증식을 이룰 수 있도록 해주지만, 자산 증식을 늦추고 스노우볼링을 막는 것들도 있다. 대표적인 게 소비다. 소비는 수익률로 따지면 -100%다. 아무리 돈을 저축하고 굴려봤자 조금 돈이 모였다고 해서 냉큼 소비에 써버린다면 말짱 도루묵이다.

그중에서도 자동차와 같이 규모가 큰 소비는 최악이다. 경제 활동을 위해 자동차가 꼭 필요하다면 어쩔 수 없지만, 남들이 사기 때문에 혹은 갖고 싶어서 사는 자동차는 투자의 제일 큰 적이다. 최대한 어릴 때부터 최대한 빨리 크게 키워야 할 시드를 순식간에 쪼그라들게 만든다.

인터넷에 연봉별로 추천하는 자동차 목록이 떠돌아다니곤 하는데, 자동차는 연봉이 아니라 자산에 맞춰 사는 것이다. 어느 정도 월 소득만 있으면 웬만한 자동차는 다 유지가 가능하기 때문이다. 그런데 유지만 가능하고 자산 증식은 못하게 된다는 게 문제다. 보험료, 세금, 기름값, 주차비, 수리비 등 고정적으로 나가는 비용만 생각해도 그냥 택시만 타고 다니는 게 이득이다.

성장에 큰 지장 없이 자동차를 이용하려면 본인 순자산의 5~10% 이하 가격대의 자동차를 사는 게 좋다. 5억 원대의 자산을 가지고 있다면 2500~5000만 원 이하의 자동차를 사는 식이다. 이마저도 최대한 늦추는 게 좋다.

습관 2 꾸준히 자신의 성장을 기록하라

자산관리 템플릿은 내 현재 자산만 보여주기 때문에 과거부터 내가 얼마큼 성장해왔는지 자세히 확인하기 어렵다. 템플릿 아래에도 월 말마다의 자산 현황을 기록하는 표가 있지만, 그 외에 그동안 이뤄 온 성과와 그 사이에 해온 고민까지 날짜와 함께 기록해두면 성장 현황과 속도를 더 상세하게 살펴볼 수 있다.

　가장 먼저 자신의 연혁을 작성해보길 권한다. 나는 2017년부터 내 연혁을 기록해오고 있다. 회사가 홈페이지나 금감원 전자공시에 회사 연혁을 적듯이 내가 하나의 회사라고 생각하고 당시 인생의 주요 업적을 기록한다. 자산관리 템플릿과 같이 잃어버리는 일이 없도록 구글 독스 *Google Docs* 클라우드 문서에 저장해두고 수시로 업데이트 중이다. 다음은 지금까지 적어 온 나의 주요 연혁 중 일부만 예시로 뽑은 것이다.

- 2017년 7월 30일　토익 점수 990점 취득
- 2018년 1월 1일　신한카드 입사
- 2018년 2월 24일　고려대학교 졸업(경영대학 경영학사, 컴퓨터학 공학사)
- 2018년 12월 5일　1년 책 100권 읽기 달성
- 2019년 4월 10일　신용등급점수 1000점 기록
- 2019년 5월 4일　순자산 1억 원 첫 돌파
- 2019년 5월 27일　비트코인 1개, 이더리움 100개 보유

- 2019년 11월 18일 <세상학개론> 유튜브 출범
- 2020년 2월 10일 <세상학개론> 유튜브 구독자 100명 돌파
- 2020년 3월 30일 비트코인 10개, 이더리움 300개 보유
- 2020년 5월 7일 순자산 2억 5000만 원 첫 돌파
- 2020년 7월 26일 <세상학개론> 유튜브 구독자 1,000명 돌파
- 2020년 7월 30일 비트코인 15개, 이더리움 500개 보유
- 2020년 8월 13일 순자산 5억 원 첫 돌파
- 2020년 12월 24일 <세상학개론> 유튜브 구독자 2,500명 돌파
- 2021년 1월 2일 순자산 10억 원 첫 돌파
- 2021년 1월 10일 <세상학개론> 유튜브 구독자 5,000명 돌파
- 2021년 2월 8일 <세상학개론> 유튜브 구독자 10,000명 돌파
- 2021년 3월 12일 신한카드 퇴사
- 2021년 3월 28일 순자산 25억 원 첫 돌파
- 2021년 3월 30일 <세상학개론> 유튜브 구독자 25,000명 돌파
- 2021년 4월 10일 <조선일보> 인터뷰 기사 네이버 뉴스 메인, 카카오 뉴스 실시간 1위
- 2021년 4월 13일 고려대학교 경영대학 장학금 1000만 원 기부
- 2021년 5월 30일 KBS 다큐멘터리 <시사기획 창> 출연
- 2021년 9월 6일 도서 출간

자신의 연혁을 적어두면 외적 성장을 한눈에 볼 수 있을 뿐더러, 과거 연혁을 보면서 당시에 어떤 걸 인생의 업적으로 생각했는지까지 알 수 있다. 그래서 한 번 기록한 연혁은 지우지 않는 게 포인트다. 해가 갈수록 나의 시선이 얼마나 높아지는지 볼 수 있는 중요한 자료가 되기 때문이다.

취업 준비를 하던 대학생 때는 토익시험을 보고 990점을 받은 걸 연혁에 적을 만한 일이라고 생각했지만, 지금 보면 조금 창피하고

유치해 보인다. 그만큼 내 눈높이가 올라갔기 때문이다. 이렇게 예전에 업적으로 생각했던 것들이 아무것도 아닌 것처럼 느껴질 정도로 끊임없이 발전하는 게 내 목표다. 1~2년 전 써둔 연혁이 지금도 대단해 보인다면 '내가 그때에 비해 크게 발전하지 않았구나'라는 경고로 받아들인다.

지금은 자산의 일부를 기부하는 걸 가장 자랑스러운 업적으로 생각하고 있다. 엄청나게 큰돈은 아니지만 직장인이었다면 쉽게 할 수 없는 규모의 돈을 매달 기부하고 있다. 지금까지 한 가장 큰 단일 액수 기부는 1000만 원이지만 1~2년 뒤에는 1000만 원 기부는 아무것도 아닌 일처럼 보일 정도로 큰 규모의 기부를 하는 것이 목표다. 연혁은 스스로를 부지런하게 만드는 역할도 한다. 지난 1년간 연혁에 적을 만한 성과를 하나도 이루지 못했다면 제자리걸음만 했다는 지표로 해석할 수 있다. 성장 부진을 자극 삼아 책이라도 여러 권 읽게 된다.

연혁에는 간간이 성과만 기록하고 있지만, 그때그때 떠오르는 투자에 대한 생각을 일기로 기록하는 것도 좋은 습관이다. 꼭 글 형태로 일기를 쓸 필요는 없고 영상이나 이미지 형태로 기록해도 된다. SNS를 활용하는 것도 방법이다. 취향에 따라 다양한 옵션이 있겠지만, 나의 경우 〈세상학개론〉이라는 유튜브 채널을 통해 성장 과정을 기록한다. '축적되는 삶을 위한 인생 가이드'라는 콘셉트로, 인생에서 꾸준히 성장을 이루고자 하는 사람들과 내 생각을 나누기 위해 만든 채널이다.

짧게나마 세상을 살아오면서 느꼈던, 조금이라도 미리 알았으면 좋았을 것들에 대한 영상을 올리고 있다. 2020년부터 이어진 투자 광풍 때문인지 투자에 대한 얘기가 가장 많은 사랑을 받고 있지만, 투자 얘기만을 위한 채널은 아니다.

〈세상학개론〉 채널에 올리는 콘텐츠의 공통 목적은 세상에서 벌어지는 수많은 일들 속에서 우리가 놓치기 쉬운 본질에 대해 얘기

구독자 1000명부터 현재까지의 유튜브 성장 추이

하고, 평소 별생각 없이 하는 행동에 철학과 원칙을 더하면 어떤 것들이 달라지는지 보여주는 것이다. '축적되는 삶'의 실천을 통해 성장하는 내 이야기를 공유하는 곳이기도 하지만, 그런 기록을 축적해나간다는 점에서 자체로 '축적되는 삶'의 작은 일부다.

나는 꼭 성장을 위한 기록이 아니더라도 자신만의 유튜브 채널을 시작해보는 걸 강력하게 추천하고 싶다. 대부분 스스로 콘텐츠가 없다는 생각이 들어서 유튜브가 막막하게 느껴질 수 있지만, 이 세상 누구든 사람들이 관심 있어 할 콘텐츠를 만들 수 있다. 사람들은 모두 생각하는 방식이 다르기 때문에 내가 당연하게 생각하는 것들이 다른 사람에게는 당연하지 않을 수 있고, 오히려 흥미로운 콘텐츠로 다가올 수 있다. 모두에게 어필할 콘텐츠를 만드는 건 어려운 일이지만, 내 콘텐츠에 관심 있어 할 소수의 사람들이 어딘가에는 반드시 존재한다. 단지 내 얘기를 관심 있게 들을 사람들에게 어떻게 다가갈 수 있을지, 어떻게 그 사람들이 내 영상을 보게 할지가 관건이다.

나는 직장인이 할 수 있는 최고의 투자는 유튜브라고 말할 정도로 유튜브를 통해 얻은 것이 많다. 일단 현재의 내 생각과 모습을 기록하는 의미가 있다. 굳이 얼굴을 드러내지 않아도 좋다. 목소리만 기록해도 되고, 텍스트만 기록해도 된다. 어떤 형식이든 꾸준히 기록하다 보면 채널에 콘텐츠가 쌓인다. 이 콘텐츠는 비공개로 해두고 혼자 볼 수도 있지만, 비슷한 관심이 있는 사람들이 볼 수 있도록 공개할 수도 있다. 사람들이 가치를 느끼는 콘텐츠를 만들면 시청자가 늘고 구독자도 쌓인다.

시청자가 늘어나면 광고 수익이나 후원 기능(멤버십)을 통해 현금 흐름을 만들 수도 있다. 약 5만 명의 구독자를 가진 〈세상학개론〉 채널에서는 현재 매월 500만 원 이상의 수익이 발생한다. 주식의 배당금으로 따지면 10억 원 이상의 주식을 보유하고 있는 효과다. 대부분이 〈세상학개론〉 채널을 사랑해주는 시청자들의 후원이다. 대부분 좋은 곳에 기부하고 있지만, 별도의 수입이 없는 사람이라면 직업으로 삼을 수 있을 정도로 괜찮은 액수다. 노동 소득과 함께 투자금을 늘리는 좋은 원천이 될 수도 있다.

내가 평생 만날 사람의 수보다 많은 사람에게 영향력을 끼칠 수 있다는 것도 특별한 경험이다. 한 사람이 일생 동안 알고 지내는 사람의 수는 평균적으로 3500명 정도라고 한다. 보통 유튜브를 1~2년 정도 하면 구독자 1000명을 달성할 수 있기 때문에 유튜브를 몇 년만 해봐도 3500명보다 더 많은 사람에게 내 생각을 전달할 수 있다.

내 생각을 전달하는 것 뿐만 아니라 댓글을 통해 정말 다양한 사람의 얘기를 들을 수 있다는 것, 1인 미디어 시대에 직접 미디어가 되어본다는 것, 취재, 출판, 강연, 광고 섭외 등 굉장히 많은 기회가 생긴다는 것 등등 장점은 무궁무진하다.

채널을 '존버'가 가능한 체제로 만드는 법

나는 유튜브 채널의 운영을 내가 자산을 투자하는 방식과 비슷한 장기투자 방식으로 접근한다. 단기적인 이슈를 다루며 성장하는 방식이 폭발력은 좋지만, 콘텐츠 제작을 멈췄을 때 성장도 함께 멈추게 된다. 단기적인 이슈를 다루는 콘텐츠의 가치는 '시급성'에서 나오기 때문에, 시간이 지나 시급성이 사라지면 콘텐츠의 가치를 잃기 때문이다. 채널의 가치를 유지하기 위해서는 계속 시급성 있는 콘텐츠를 만드는 수밖에 없다. 오늘의 시장 상황을 읽어주고 단기적인 가격 예측을 하는 콘텐츠는 며칠만 지나도 볼 이유가 사라진다.

그러다 보면 유튜브 채널이 죽은 콘텐츠로 가득한 하나의 공동묘지로 전락한다. 나중에 아무도 안 볼 영상이라면, 장기적으로 영상을 쌓는 의미가 없어진다. 그래서 나는 시간이 지나도 콘텐츠의 가치가 사라지지 않는, 사시사철 잎이 푸른 상록수 같은 콘텐츠를 만들려고 노력한다. 몇 년 뒤에 새로운 시청자가 오더라도 볼 만한 영상들이 많은 채널을 만들고 싶다.

유튜브로 성공하고 돈을 번다는 건 생각보다 호락호락하지 않다. 투자와 비슷하게 경험과 노하우가 축적되어야 잘할 수 있다. 처음에는 당연히 제목도 잘 못 짓고 검색어에 노출도 잘 안 되고 콘텐츠 흡입력도 없다. 영상을 많이 만들면 만들수록 실력이 늘고 콘텐츠의 매력도 올라간다. 콘텐츠 업력이 쌓일수록 채널에 대한 기대감도 올라가고, 내 콘텐츠를 처음 본 사람들이 구독할 확률도 올라간다.

결국 영상을 제작하고 올리는 것이 성장이고, 영상 제작에 들이는 시간과 노력이 곧 성장의 비용이다. 한 영상을 만드는 데 며칠이 걸린다면 지속가능한 성장을 할 수 없다. 처음부터 대박을 내겠다는 생각보다는 성공할 때까지 장기간 버틸 수 있는 체제, 즉 '존버'가 가능한 체제를 만드는 것을 가장 중요하게 생각했다. 큰 부담 없이 영상을 생산해낼 수 있는 구조가 지치지 않고 꾸준히 성장할 수 있는 구조다.

투자 일기를 써라

유튜브를 꾸준히 하는 게 부담스럽다면 훨씬 제작 부담이 덜한 SNS를 활용하는 것도 방법이다. 나는 유튜브 외에 인스타그램 스토리 기능을 통해서도 투자 관심사를 기록하고 있다. 날짜별로 예전에 올려둔 게시물들을 확인할 수 있기 때문에 당시 시장 상황이 어땠는지, 내 심리는 어땠는지, 그때 예상했던 미래는 어떤 모습이었는지 생생하게 기억해낼 수 있다. 과거와 비슷한 시장 상황이 나타났을 때 어떻게 행동해야 할지 가이드가 되기도 한다.

여러분도 본인의 사진첩이나 SNS를 뒤져서 그동안 살아오면서 어떤 것들을 이뤘는지 날짜와 함께 기록해두길 바란다. 어떤 형태든 좋다. 나중에 보고 확인할 수 있도록 안전한 곳에 저장하기만 하

2019년 5월, 2020년 8월 인스타그램 스토리 게시물

면 된다.

지금은 별 의미 없어 보일 수 있지만 시간이 지나면서 내용이 쌓이면 동기부여도 되고, 초심도 잃지 않게 되는 등 다양한 방면으로 도움이 된다. 연혁 정도만 기록해 봐도 좋고, 매일의 자산과 고민을 담은 상세한 투자일기까지 기록하면 더 좋다. 지금까지 살면서 내가 얼마나 인생을 축적해 왔는지, 스스로의 눈높이가 어떻게 바뀌었는지 한눈에 정리가 될 것이다. 외적 성장과 내적 성장을 동시에

확인할 수 있는 좋은 습관이다.

습관 3 투자 목표를 설정하라

투자 목표를 설정하는 이유는 모든 투자 결정에 목적과 이유를 불어넣기 위해서다. 투자를 아무 목표 없이 단순히 '돈을 많이 벌고 싶다'는 생각으로 접근하면 실제 투자도 아무 방향성 없이 하게 될 확률이 높다. 장기적인 목표를 정해야 방향성이 생기고, 그 목표를 잘게 쪼갠 단기 실행 목표가 있어야 가장 먼저 뭘 해야 할지 감이 잡힌다.

만약 '경제적 자유를 얻고 싶다'는 목표가 있고, 경제적 자유를 '일하지 않아도 월 300만 원 정도의 현금이 꾸준히 들어오는 시스템'으로 정의한다고 해보자. 월 300만 원이라는 목표를 달성할 수 있는 방법은 다양하다. 10억 원 정도의 주식을 구입해 배당을 받을 수도 있고, 오피스텔 등 수익형 부동산에 투자할 수도 있다.

10억 원이라는 목표를 이루기 위해 또 5억 원, 2억 원, 1억 원의 작은 중간 목표로 쪼갤 수 있다. 1억 원이라는 목표를 달성하는 방법도 무궁무진하다. 월급을 조금씩 투자해 굴릴 수도 있고 레버리지를 활용해 초기 투자금을 마련할 수도 있다. 투자할 자본이나 소득이 없다면 일단 소득을 얻기 위한 단기 실행 목표를 세워볼 수 있다.

달성이 아닌 성장을 위한 목표를 세워라

목표를 최대한 잘게 나눠 차근차근 달성해가는 것도 좋지만, 나는 목표를 설정할 때 '달성을 위한 목표'보다는 '성장을 위한 목표'를 잡는다. 달성 가능성보다는 성장 목표치를 높인다는 생각으로, 되도록이면 높은 목표를 설정하는 것이다. 현재에 안주하지 않고 항상 위기감을 갖기 위함이다.

사실 목표를 달성하는 건 어렵지 않다. 목표를 낮추기만 하면 무조건 달성할 수 있다. 작고 확실한 성공을 반복하는 것은 자신감 회복에는 도움이 되지만 장기적으로 볼 때 성장에는 큰 도움이 되지 않는다.

인간은 쉽게 목표를 달성할 수 있다면 별 노력을 안 하게 되기 때문이다. 목표를 달성할 방법이 머릿속에 쉽게 그려진다면 방법론에 대한 고민이 이루어질 리가 없다. 당연히 투자 실력도 늘지 않는다. 스스로를 편안한 알 속에 가두는 셈이다. '이대로는 도저히 안 되겠는데?'라는 생각이 들어야 이전과는 다른 방법을 찾게 된다. 내가 아는 편안한 범위*Comfort zone* 내에서 해결할 수 없는 문제를 던짐으로써 알을 깨고 아는 범위를 넓히게 되는 것이다.

나도 익숙함에 안주해서 놓친 기회가 많다. 2019년부터 디파이 열풍에 대한 얘기를 꾸준히 들어왔지만, 계속 흘려듣기만 하고 제대로 알아볼 생각은 안 하고 있었다. 당시 내가 세웠던 연간 목표는 모두 내가 알고 있는 방법만으로도 충분히 달성할 수 있는 '헝그리 정신'이 생기지 않는 목표였다. 내가 투자하고 있던 주식과 비트코인, 이더리움만으로도 목표를 무난히 달성할 수 있을 거라고 생각했기 때문에 '굳이' 공부할 생각을 안 했다.

그러는 와중에 디파이 시장 규모는 2020년 한 해 동안 무려 14배 이상 성장했고, 나는 2021년이 되어서야 디파이 시장의 잠재력이 엄청나게 크다는 걸 깨달았다. 뒤늦게라도 투자를 시작해 5배 이상의 수익을 얻고 있지만 조금만 더 부지런하게 공부하고 시도해봤더라면 훨씬 더 좋은 결과를 얻었을 것이다.

목표를 너무 높게 잡아서 실패하는 건 문제가 아니지만, 목표를 너무 낮게 잡아서 성공해버리는 건 문제다. 스스로 끊임없이 새로운 분야로 시각을 넓히길 원한다면, 어려운 목표만큼 좋은 동기 부여는 없다. 그냥 생각보다 조금 높은 목표가 아니라, 남들이 목표를 들었을 때 '이 사람 진심인가?' 하고 고개를 갸우뚱할 정도가 되어야 충분히 높은 목표이다.

내가 투자를 처음 시작할 때는 1년에 50% 정도의 수익률을 목표로 했다. 사실 연 50%면 굉장히 훌륭한 수익률이다. 연 50%를 달성할 수 있으면 주변에서 투자 잘한다는 소리를 들을 수 있다. 내 나름

대로도 꽤 높은 목표를 잡았다고 생각했다.

하지만 분명히 '너무 높은' 목표는 아니었다. 높다고는 해도 현실적으로 해볼 만하다는 생각이 드는 정도였다. 50%를 목표로 잡다보니 한 달에 4% 정도 수익을 내면 되겠다는 계산이 섰다. 그러다 보니 한 달에 4~5% 정도 수익을 낼 수 있는 자산만 찾아다니게 됐다. 4%보다 더 수익이 나는 달도 있었고 더 수익이 안 나는 달도 있었지만 항상 고만고만한 수준에 머물렀다.

목표를 말도 안 되게 높게 잡으면 어떤 일이 벌어질까?

지금은 연간 수익률 1000%를 목표로 잡는다. 1000%면 10배가 넘는 자산 성장이다. 한 달에 20%씩 성장해야 도달할 수 있다. 남들에게 비웃음을 사기 십상인, 도전할 엄두가 안 날 정도로 높은 수익률이다. 1000%라는 숫자가 무모해 보일 수 있겠지만 실제로 1년에 1000%의 수익률을 달성하는 사람들은 꽤 많다. 운이 좋아 그렇게 된 사람들도 있겠지만, 모두가 운으로만 돈을 버는 것은 아니다. 분명히 뭔가 배울 수 있는 요소가 있고, 뭔가 더 큰 흐름을 읽고 있다.

내가 항상 '버블' 소리를 듣는 자산이 진짜 버블인지 유심히 살펴보는 것도 이 때문이다. 터무니없이 높은 목표치를 달성할 수 있게 해줄 새로운 투자 방식과 투자처를 찾아 옥석을 가리다 보면 지금 세상에서 가장 빠르게 성장하는 분야가 무엇인지, 그리고 가장 효과적인 투자 전략은 무엇인지에 대해 알게 된다.

다양한 투자자들의 성공 스토리를 공부함으로써 다음에 비슷한 기회를 잡을 확률이 조금이라도 높아진다면 그것만으로도 의미가 있다. 결과가 어떻든, 50%를 목표로 했던 사람보다는 1년 동안 훨씬 발전해 있을 것이다. 목표를 말도 안 되게 높게 잡으면, 실패해도 남들 머리 위에 떨어진다.

이제 본격적인 투자 얘기를 할 준비가 끝났다. 다음 장부터는 투자자라는 삶의 자세를 바탕으로 다양한 투자 요소의 본질에 대해 고민한 내용을 담았다. 내가 세상을 읽는 관점이자 의사결정을 하는 데 쓰는 원칙들이다. 앞으로 투자를 하며 맞닥뜨리게 될 수많은 선택의 기로에서 조금이라도 실패를 줄이고 조금이라도 더 현명한 선택을 하는 데 도움이 됐으면 한다.

STAGE 1
STAGE 2 ◄
STAGE 3

How

어떻게
투자해야 할까?

[매수]

공부하되,
사랑에 빠지지 말자

곤경에 빠지는 건 뭔가를 몰라서가 아니다.
뭔가를 확실하게 안다는 착각 때문이다.
_마크 트웨인

내가 운영하는 〈세상학개론〉 유튜브 채널에는 투자 공부를 어떻게
해야 할지 모르겠다는 댓글이 꽤나 많이 달린다. 축적되는 삶과 성
장을 추구하는 채널이다 보니 공부와 관련된 질문을 많이 받는 건
좋은 일이지만, 다른 한편으로는 직접 찾아다니지 않으면 아무도
투자 공부 방법을 알려주지 않는다는 현실이 안타까웠다.

우리나라는 최근까지 노동집약적인 산업 중심으로 성장해왔기
때문에 투자 교육의 필요성에 대한 공감대가 부족하다. 나 역시 학
교나 학원에서 돈 관리나 투자에 대해 제대로 배워본 적이 없었다.

코로나 경제위기로 투자 광풍이 불면서 금융 지식에 대한 수요는 커졌는데 이를 정규 교육체계가 감당하지 못하기 때문에 투자에 대해 공부하고자 하는 사람들이 유튜브로 몰리고 있는 것 같다.

투자에는 마법의 만능 비기가 존재하지 않는다. 세상이 변하면서 정답도 바뀌고, 어느 시점에 현명했던 판단이 어떤 시점에서는 멍청한 판단이 될 수도 있다. 반대로 과거에 멍청해 보였던 판단이 나중에 현명한 판단이 되는 경우도 많다. 그렇기 때문에 교과서나 문제집 같은 친절한 공부 방식이 존재하지 않는다. 투자를 처음 시작하면 대체 무엇부터 해야 할지, 투자 실력을 지금보다 늘리려면 대체 뭘 공부해야 할지 감이 잡히지 않는 경우가 많다. 투자가 어렵게 느껴지는 이유 중 하나다.

자산을 이리저리 사고팔거나 5분에 한 번씩 가격 그래프를 지켜보는 건 투자 공부가 아니다. 그런 건 투자 결과에 별 도움이 되지 않는다. 투자는 의사결정의 미학이다. 본질적으로 투자라는 것은 뭔가를 사고, 팔고, 쥐고 있는 것까지 끊임없는 의사결정의 연속이다. 최대한 많은 정보를 수집하고, 이를 토대로 현명한 의사결정을 하면 돈을 번다. 부정확한 정보를 토대로 멍청한 의사결정을 하면 돈을 잃는다. 투자는 다음 과정을 모두 포함한다.

· 투자한 자산과 관련된 실질적인 정보를 수집하는 과정

· 정보의 정확성과 중요도를 평가하는 과정

· 우선순위와 원칙을 바탕으로 정보를 해석하는 과정

· 경험을 농축된 직관으로 만드는 과정

· 직관을 원칙에 녹여내는 등 의사결정의 질을 높이는 모든 과정

아무리 지식을 많이 수집하더라도 그 안에서 투자 기회를 찾아낼 수 없으면 의미가 없다. 아무리 의사결정 능력이 좋더라도 정보가 부족하면 제대로 된 결정을 할 수 없다. 그래서 세상에 대한 지식과 투자의 지혜를 골고루 쌓는 게 중요하다.

단순히 돈이 될 것 같아 보이는 걸 이리저리 찾아다니다 보면 어딜 봐도 내가 모르는 것 투성이고, 본인이 투자한 주식에 대해 공부하면서도 이게 왜 떨어지고 왜 오르는지 전혀 이해가 안 된다. 공부를 하면 할수록 길을 잃고 본인이 마치 바보가 된 것 같은 답답한 기분을 느낄 것이다. 당연한 일이다. 나도 그런 식으로 투자 공부를 했다면 스스로 바보처럼 느껴졌을 것이다.

투자 공부가 어려운 것은 바보여서가 아니라 공부의 순서가 제대로 되지 않았기 때문이다. 본인이 왜 공부를 하는지, 왜 이런 공부를 하는지에 대한 고민 없이 갑자기 특정 주식이나 자산에 대한 공부를 시작하면, 즉 지엽적인 것에서부터 시작하는 바텀업*Bottom Up* 방식으로 공부하면 갈피를 잃기 쉽다.

투자 공부를 할 때는 탑다운 방식으로 하라

투자 공부를 할 때는 탑다운*Top Down*, 즉 거시적인 것부터 시작해 아래로 내려오는 식으로 공부해야 큰 그림을 그릴 수 있고 확실한 방향성을 가질 수 있게 된다. 좋은 투자 결정은 누구나 이해할 수 있는 가장 심플한 아이디어에서부터 나온다.

예를 들면 태어날 때부터 인터넷이 친숙한 디지털 네이티브*Digital Native* 세대가 점점 늘어나고 있고, 이들을 중심으로 가상세계와 가상자산 업계가 더욱 발전할 것이라는 간단한 아이디어에서 시작해 보자.

한 분야가 발달한다는 건 곧 전 세계의 투자금도 거기로 몰리게 된다는 뜻이다. 세상의 변화를 주도하는 거대 IT기업들은 앞다투어 AR과 VR, 메타버스, 가상자산 시장에 투자를 늘리고 있다. 이런 방향성만 정하고 나면 나머지는 쉽다. 투자할 주식이나 자산을 고르는 건 결국 그 방향성에 맞추기 위한 수단이다. 천천히 공부하면서 마지막에 결정해도 된다.

목표가 확실히 정해지지 않으면 옵션이 너무 많다는 사실이 머리만 아프지만, 자기가 하고 싶은 투자가 확실하게 정해지면 그걸 달성할 수 있는 투자 수단은 분명하게 정해진다. 공부를 하면 할수록 오히려 투자 수단이 부족하다는 생각이 들 것이다.

또 다른 투자 아이디어로 기후 변화와 식량 부족을 들 수 있다. 환경 문제와 식량 문제에 대한 관심은 해가 갈수록 점점 커지고 있다. 누구나 알 수 있는 거대한 세상의 흐름이다. 이를 해결하는 데 앞장서는 기업이나 이런 흐름 속에서 중요도가 올라가는 기업들에 점점 돈이 몰릴 것이라고 예측할 수 있다. 이런 방향성이 정해지면 그중에서 내가 투자할 만한 옵션을 찾는 것은 한결 쉽다.

고기를 사용하지 않고 식물성 재료로 고기를 만드는 회사에 투자할 수도 있고, 농업 관련 기업에 투자할 수도 있다. 깨끗한 물 공급을 쥐고 있는 회사에 투자하는 것도 방법이다. 거시적인 흐름부터 정하고 나면 어느 분야가 관건인지, 어떤 미시적인 분야를 공부해야 할지, 나아가 내가 어디에 투자를 해야 할지 갈피가 잡힌다.

세상에 대한 지식을 쌓을 때뿐만 아니라 다른 투자자들의 지혜를 빌릴 때도 탑다운 방식으로 공부하는 것이 도움이 된다. 다른 사람들의 투자 방법을 그대로 따라 하는 건 얕은 공부다. 그게 어떤 필요에 의해 어떤 과정을 거쳐서 나온 결과물인지 생각을 거슬러 올라가봐야 한다.

투자 원칙을 세움으로써 달성하고자 하는 목적인 Why를 이해하고, 그 목적을 달성하기 위한 방법론인 How를 이해하고, 그 방법론을 실천할 수 있는 행동강령인 What으로 이어지기까지의 과정을 직접 도출해내봐야 진짜 내 것이 된다. 원칙이 없을 경우에는 어떤 부작용이 생기게 되는지 직접 경험해보는 과정도 필요하다. 각각의 투자 원칙들이 어떤 생각 과정에서 생기게 됐는지, 왜 생기게 됐는지, 어떤 상황에 적용해야 하는지를 이해하지 않고 눈에 보이는 What만 기계적으로 적용하면, 원칙의 의도와 180도 달라진 해석을 하게 되기 쉽다. 그래서 공부의 첫걸음은 공부의 이유, 목적을 정확하게 이해하는 것이다. 내가 무엇 때문에 투자 공부를 하고 있는지, 왜 이 책을 읽고 있는지 이해하는 것이다.

내가 돈에 대해 공부한 이유는 경제적 자유, 그리고 시간의 자유를 얻기 위해서였다. 시간의 자유를 얻을 정도가 되려면 한두 번 요행으로는 부족했다. 처음에는 1000만 원 정도의 투자금을 굴렸기 때문에 여기서 운 좋게 10배를 벌어봤자 1억도 못 넘길 것 같았다. 운 좋게 일확천금을 벌어 투자판을 떠나는 게 아니라, 평생 동안 직접 꾸준하게 돈을 굴리는 능력을 배우고 싶었다.

꾸준히 돈을 불리는 능력을 배우기 위해 내가 목표한 삶을 살고 있는 사람들이 어떻게 그 자리까지 올랐는지 알아봤다. 큰 부를 일군 사람들은 모두 저마다의 돈을 버는 패턴, 법칙, 원칙을 가지고 있다. 급변하는 여러 상황에 적용할 수 있는 원칙을 찾고 그걸 어디에 어떻게 적용할지만 터득하면 내 목적을 달성할 수 있을 것이라는 생각이 들었다. 공부의 방향성이 정해진 것이다.

내가 하는 투자 공부는 모두 앞서 말한 탑다운 방식의 고민을 통해 나온 공부 방법이다. 가장 많은 시간을 쏟는 것은 투자 철학과 원칙을 정교화하여 의사결정의 질을 높이는 것이다. 그래서 투자 철학에 대해 공부할 때는 성공한 투자자들의 원칙과 그 원칙이 생긴 이유를 이해하면서 최대한 많이 내 것으로 만들려고 했다.

가장 좋은 수단은 책을 많이 읽는 것이다. 나는 2017년부터 1년에 최소 30권의 책을 읽는 것을 목표로 하고 있다. 입사 첫 해인 2018년엔 혼자 책 100권 읽기 프로젝트를 시작해 110권 정도의 책을 읽었다. 특히 자서전을 위주로 읽으며 성공한 투자자들, 사업가들의 인생 철학을 공부했다. 투자 관련 서적도 꽤 봤지만 예술, 법, 정치, 사회 등등 분야를 골고루 읽었다. 투자와 관련 없어 보이는 분야의 서적들도 투자 철학을 공부하는 데 생각보다 큰 도움이 되었다.

투자 철학을 공부할 때 도움이 되었던 책과 자료들

다음은 저자의 철학이 잘 담겨 있거나 거시적인 시대의 흐름을 엿볼 수 있어 분야와 상관없이 재밌게 읽은 책들이다.

- 《워런 버핏의 주주 서한》_워런 버핏
- 《21세기 자본》_토마 피케티

- 《하워드 막스 투자와 마켓 사이클의 법칙》_하워드 막스
- 《악당의 성공법》_루이스 페란테
- 《전설로 떠나는 월가의 영웅》_피터 린치, 존 로스차일드
- 《돈, 뜨겁게 사랑하고 차갑게 다루어라》_앙드레 코스톨라니
- 《노르웨이처럼 투자하라》_클레멘스 봄스도르프
- 《넥스트 머니》_고란, 이용재
- 《빌 게이츠 @ 생각의 속도》_빌 게이츠
- 《40대에 도전해서 성공한 부자들》_유동효
- 《로켓 CEO》_레이 크록
- 《이스라엘 탈피오트의 비밀》_제이슨 게위츠
- 《탁월한 사유의 시선》_최진석
- 《메스를 잡다》_아르놀트 판 더 라르
- 《수축사회》_홍성국
- 《생각의 탄생》_미셸 루트번스타인, 로버트 루트번스타인
- 《로컬 지향의 시대》_마쓰나가 게이코
- 《멤버십 이코노미》_로비 켈먼 백스터
- 《뉴파워: 새로운 권력의 탄생》_제러미 하이먼즈, 헨리 팀스
- 《아마추어》_앤디 메리필드
- 《이나모리 가즈오의 왜 사업하는가》_이나모리 가즈오
- 《돈이 없을수록 서울의 아파트를 사라》_김민규
- 《대한민국 아파트 부의 지도》_이상우
- 《디자인의 디자인》_하라 켄야

책만 읽는 게 너무 지루하게 느껴진다면 투자 및 성장과 관련
된 영화도 몇 편 같이 보면 좋다. 맥도날드 CEO 레이 크록의 이야
기 〈파운더〉, 2008년 금융위기를 그린 투자자들의 필수 영화 〈빅

쇼트〉, 이외에 가볍게 볼 만한 〈울프 오브 월스트릿〉, 〈소셜 네트워크〉, 〈바이스〉, 〈머니볼〉 등을 추천한다.

투자를 잘하려면 책을 많이 읽으라는 게 너무 식상하고 간단한 해법이라고 생각하는 사람이 있을 것으로 안다. 내 주변에도 그런 반응을 보인 사람들이 있기 때문이다. 그런 사람들은 투자 공부에 본인만 모르는 특별하고 구체적인 비밀 노하우가 있을 거라고 생각한다. 책을 많이 읽었는데도 효과가 없어서 그런 생각을 하는 것이 아니다. 그냥 책이 읽기 귀찮아서다.

책을 많이 읽으라는 조언을 무시하는 사람은 대부분 1년에 책을 10권도 안 읽는 사람들이다. 빠르게 부자가 되고 싶은 마음이 앞서 '천천히, 하지만 확실하게 부자가 되는 방법'을 거부하는 것이다. 책이라는 건 인생이라는 게임의 공략집이다. 공략집을 많이 읽는 사람이 당연히 세상을 더 잘 이해하고 뭐든지 더 잘 할 수밖에 없다.

투자를 잘 하기 위한 원칙들은 이미 모두가 알 수 있도록 나와 있다. 딱 5분이면 인터넷을 통해 세계에서 가장 뛰어난 투자자들의 저서와 투자 노하우를 찾을 수 있다. 이걸 제대로 이해하고 실천하기가 어려울 뿐이다.

투자 대가들의 투자 원칙들은 보통 너무나 단순하기 때문에 대부분 사람들은 깊게 생각하지 않고 흘려 넘겨버린다. 워런 버핏의 투자 방식도 '회사의 내재가치를 기반으로 투자한다', '필요하다면 평생 동안 보유할 생각으로 투자한다', '본인이 이해하지 못하는 사업 분야에는 투자하지 않는다' 이렇게 단 3가지로 요약할 수 있는데, 아마존의 창립자이자 세계에서 가장 부자인 제프 베이조스*Jeff Bezos*가 워런 버핏에게 이에 대해 물은 적이 있다.

"워런, 당신의 투자 방식은 너무나 심플하고 기발한데, 남들이 왜 그냥 당신을 따라 하지 않는 겁니까?"

워런 버핏은 이렇게 답했다.

"천천히 부자가 되고 싶은 사람이 아무도 없기 때문이지."

워런 버핏은 본인의 투자 스타일이 '천천히 부자가 되는' 방법이라고 했지만, 내가 경험한 바로는 가장 확실하고 빠르게 부자가 되는 방법이다.

주식 시장 바깥의 투자에 적용하기 위해서는 약간의 수정이 필요하지만 대체로 투자 전반에 꼭 적용해야 하는 중요한 철학들이다. 가장 투자를 잘하는 사람들의 투자 철학을 공부해 그들의 의사결정 능력을 내 것으로 만들기만 한다면, 요행을 바라고 빠르게 부자가 되려는 사람들보다 더 빨리 부자가 될 수 있다.

나는 신문 읽기로 하루를 시작한다

그 다음은 투자 결정의 토대가 되는 정보를 수집하는 것, 다르게 말하면 세상의 흐름을 읽는 것이다. 세상의 흐름을 읽는다니 굉장히 거창해 보이지만 별것 없다. 그냥 세상이 어떻게 돌아가나 공부하는 것이다. 지금 세상이 주목하고 있는 건 무엇인지, 앞으로 세상이 주목할 건 무엇인지, 세상의 돈이 어디에 가장 많이 몰리고 있는지, 그 다음에 어디로 움직일지 생각해보기 위한 시간이다.

세상을 뒤흔들 다음 물결의 진원지는 정치 분야일 수도 있고, 과학 분야일 수도 있고, 금융 분야일 수도 있다. 하나의 분야에 매몰되지 않고 되도록 큰 그림을 보면서 세상이 어떻게 흘러가는지, 그리고 어떤 사람들이 그 흐름을 주도하는지, 어떤 회사가 흐름을 주도하는지 찾는다.

어렵고 전문적인 일이 아니다. 조금만 관심을 갖고 조금만 노력하면 누구나 할 수 있다. 나는 단기적인 시장의 변동이든 장기적인 돈의 흐름이든 모두 '시장 참여자들의 심리 변화와 인식 변화에 기인한다'고 생각하기 때문에, 전문적인 지식을 바탕으로 판단한다기보다 시장 분위기의 변화를 나타내는 심리 지표들을 주로 찾으려고 노력한다.

나는 신문 읽기로 하루를 시작한다. 직장을 다닐 때부터 이어온 습관이다. 직장을 다닐 때 언론 커뮤니케이션을 담당하는 팀에서 일했기 때문에 운 좋게도 업무 중에 신문을 읽을 수 있었다. 업무라는 핑계로 매일매일 신문을 처음부터 끝까지 읽으며 세상을 공부했다.

요즘은 네이버나 카카오톡을 통해 인터넷 뉴스를 많이 보지만 나는 주로 종이 신문을 많이 읽는다. 종이 신문을 읽는다고 해서 실제 종이로 된 신문을 읽는 건 아니다. 요즘은 아이패드나 컴퓨터를 통해 종이 신문의 디지털 버전을 읽을 수 있다. 앱 프레스리더*PressReader*를 활용하면 〈매일경제〉, 〈중앙일보〉, 〈동아일보〉 등 국내 경제지/종합지와 〈포브스*Forbes*〉, 〈블룸버그 비즈니스위크*Bloomberg Businessweek*〉 같은 경제 잡지를 읽을 수 있다. 새로운 버전이 올라오면 자동으로 다운로드 후 알람이 울리기 때문에 아침마다 잊지 않고 신문을 보게 된다.

종이 신문과 인터넷 뉴스의 가장 큰 차이점은 편집이라는 요소다. 인터넷 뉴스는 양의 제한 없이 기사를 읽을 수 있다는 장점이 있지만, 모든 기사가 똑같이 하나의 링크로만 보이고 사람들이 많이 누르는 자극적인 기사가 상위권을 차지한다. 지면 면적의 한계가 있는 종이 신문은 각 기사를 몇 단짜리로 만들지, 글씨 크기를 얼마나 크게 할지, 어떤 면에 실을지, 그 면 안에서 어떤 위치에 배치할지, 사진을 넣을지 등등 언론사 편집국이 중요하게 생각하는 것들에 대한 판단 요소가 들어간다. 처음에는 어떤 기사가 중요하고 어떤 기사는 의미가 없는지 판단이 잘 안 서기 때문에 이런 것들을 일종의 가이드로 활용할 수 있다.

종이 신문을 보는 또 다른 이유는 인터넷 뉴스를 보다 보면 딴 길로 샐 확률이 높기 때문이다. 인터넷 뉴스는 조회수를 높이기 위해 자극적인 제목을 많이 달고 나오기 때문에, 눌러보지 않을 수 없는 영양가 없는 뉴스에 시간을 많이 뺏기게 된다.

신문을 꾸준히 읽는 것은 하루하루 세계의 흐름이 어떻게 바뀌는지, 돈이 어디로 흐르는지 이해하는 데 도움이 된다. 그래서 더 깊게 공부해볼 만한 세부 분야를 정하는 데 적합하다.

분야를 정한 후에는 유튜브나 책이 더 좋은 정보의 원천이다. 신문이 정보를 전달하는 타이밍은 빠르지만, 넓은 범위의 주제를 다루다보니 깊이는 비교적 얕다. 유튜브나 책은 콘텐츠 제작에 걸리는 시간이 많아 타이밍이 조금 늦는 대신 깊이와 난이도를 다양하게 선택할 수 있다. 그 분야에 대해서 스스로 직접 유튜브 콘텐츠를 제작하거나 책을 한 권 쓸 수 있을 정도가 되는 걸 목표로 공부하면 투자를 할지 말지는 자연스럽게 결정된다.

하지만 신문이든 유튜브든 책이든 미디어를 너무 맹신해선 안 된다. 특정 의도를 가지고, 혹은 단순한 이해 부족으로 진짜 현상의 본질과 다른 내용을 전달하는 콘텐츠가 너무나 많기 때문이다. 신문, 유튜브 영상, 책 등 콘텐츠라는 것은 모두 상업적일 수밖에 없다. 꼭 돈이 목적이 아니더라도 조회수와 관심을 키우기 위해 자극적인 제목을 달고 나온다. 어떤 일이 벌어질 우려가 커졌거나 어떤 일이 벌어질 가능성이 새롭게 생겼더라도 이미 그 일이 벌어진 것처럼 제목을 다는 식이다. 텍스트를 자세히 읽지 않고 제목만 훑고 넘겨버리면 부정확한 정보를 습득할 수밖에 없다.

어떤 콘텐츠든 콘텐츠 제작자의 생각과 방향이 알게 모르게 반영된다. 그 의도적인 방향성을 최대한 제거하고 있는 그대로 사실만을 수집하려는 노력이 필요하다. 한 가지 소스에서 정보를 수집하지 말고 다양한 시각의 콘텐츠를 골고루 소비하며 비교하는 게 좋다.

주변에서 기회를 찾는 방법

미디어가 아닌 주변에서 투자 기회를 찾는 방법도 있다. 가장 좋은 시작은 본인이 이미 억지로든 자발적으로든 공부해본 적이 있는 분야를 고르는 것이다. 학교에서 공부했던 분야 혹은 직장 경험이 있는 분야가 있다면 거기서부터 시작하면 좋다. 요식업계에 있는 사람이라면 어떤 식당이 왜 다른 식당보다 잘나가는지, 자동차 회사에 있는 사람이라면 테슬라가 자동차업계에 어떤 영향을 미칠지 남들보다 먼저 알 수 있을 것이다. 바이오업계에 있는 사람이라면 어떤 회사의 어떤 기술이 실제로 유망하고 가치가 있는지 남들보다 먼저 눈치챌 수 있을 것이다. 업계에서 중요하게 생각하는 어젠다가 곧 투자에서도 중요한 어젠다가 된다.

결국 거래는 사람들이 하는 것이기 때문에, 사람들의 판단 기준과 변수를 알면 뭘 공부해야 할 지가 보인다. 정해진 답은 없다. 사람들이 자산에 투자하는 기준은 시간이 흐르면서 계속 바뀌기 때문이다. 그때그때 투자의 트렌드를 잘 파악해야 남들보다 빨리 좋은 자산의 가치를 알아볼 수 있다. 내가 즐겨 쓰는 서비스나 좋아하는 브랜드가 있다면 거기서부터 출발해도 좋다. 목표는 최대한 많은 사람들이 갖고 싶어하는 자산을, 그들이 갖고 싶다고 생각하기 전에 사는 것이다.

내가 가장 잘 아는 분야가 없다면, 사람들이 열광하는 분야, 특히 젊은 사람들이 열광하는 분야나 회사를 찾아 공부하는 걸 추천한다. 애플의 아이팟, 스타벅스 커피, 블루보틀 커피, 페이스북, 넷플릭스 모두 젊은 사람들이 가장 먼저 열광하던 제품이나 서비스다.

이런 투자 기회들은 전통적인 공부 방법으로는 빠르게 찾기 힘들다. 기존 가치평가 방식으로는 그다지 매력적으로 보이지 않는 경우가 많기 때문이다. 예전에는 재무제표 분석을 통해 저평가된 주식을 찾아내는 방법이 유효했다. 회사의 재무 상태는 물론 중요하지만, 재무 상태만으로 회사의 성장 가능성을 판단하기 어려운 새로운 사업모델들이 나오기 시작했다. 페이스북이나 구글 같은 IT, SNS 회사들이다. 이런 회사들은 적자를 내는 와중에도 가치가 천정부지로 치솟았다. 새롭게 성장하는 시장을 거의 독점할 수 있는 힘을 갖고 있었기 때문이다.

사람들은 이런 회사들의 가치를 평가하기 위해 지금 재무 상태가 아닌 사용자 수에 따라 가치가 커지는 '네트워크 효과' 같은 새로운 요소를 도입했다. 요즘은 회사의 사업 모델이 기후와 자연환경에 얼마나 영향을 주느냐가 새롭게 부상하는 중요한 가치 평가 기준 중 하나다. 새로운 형태의 사업 모델이 나오기 시작하면, 그걸 평가하는 기준은 또 새롭게 바뀔 것이다.

투자 공부의 방해 요소

투자 공부를 하면서 주의해야 할 점이 한 가지 있다. 한 분야를 열심히 파다 보면 어느 순간 그 분야에 대한 객관적인 시각이 점점 사라진다. 바로 투자 대상과 사랑에 빠지는 일이다. 절대 본인에게는 그런 일이 생기지 않을 거라 생각하겠지만 본인이 열심히 공부해 투자한 자산이 수익을 가져다주기 시작하면 조금씩 그 자산에 대한 애착이 생긴다. 큰돈이 엮여 있을수록 증상은 더 심해진다.

'당국자미, 방관자청當局者迷, 傍觀者淸'이라는 말이 있다. 당국자, 즉 바둑을 두는 당사자는 정신이 혼미하지만, 옆에서 관전하는 방관자는 정신이 맑다는 뜻이다. 바둑이나 체스를 두는 사람들을 옆에서 보고 있다 보면 눈에 뻔히 보이는 수를 당국자들이 보지 못하고 있는 경우가 많다. 반면 밖에서 보는 사람은 한 발자국 뒤로 물러나 욕심 없이 상황을 바라보고, 한쪽의 입장만 보지 않고 다양한 시각에서 생각하기 때문이다.

투자에 있어서 우리는 모두 당국자다. 내 판단에 따라 내 재산이 움직이기 때문에 깨끗한 정신으로 판단을 내리기 어렵다. 내가 방관자로서 남에게 투자 조언을 해줄 때는 투자가 쉽다. 정작 내 돈이 엮인 투자를 할 때 더 오류에 빠지기 쉽다.

시장의 심리는 종종 비이성적으로 움직이고, 그런 과민반응을 잘 이용하면 큰 수익을 얻을 수 있다. 하지만 우리 역시 인간이기에 스스로도 비이성적인 상태에 자주 빠진다. 비이성적인 의사결정을 하는 와중에는 절대 본인이 비이성적인 결정을 한다는 걸 깨닫지 못한다. 감정에 사로잡혀 결정하면서도 본인은 합리적으로 판단하고 있다고 착각하기도 한다. 그래서 가끔 투자 밖으로 나와서 스스로의 투자를 되돌아보는 일이 투자에서 아주 중요하다. 처음으로 되돌아가 본인의 생각과 확신을 의심해보는 것이다.

우리는 살면서 수많은 인지 편향*Cognitive Bias*에 사로잡힌다. 인지 편향이란 사람이나 상황에 대한 비논리적인 추론에 따라 잘못된 판단을 내리는 현상을 말한다. 쉽게 말하면 편견에 사로잡혀 보고 싶은 대로 보고, 생각하고 싶은 대로 생각하는 것이다. 뇌의 정보 처리 과정에서 생기는 인지 편향은 누구에게나 나타난다. 아무리 똑똑하고 현명한 사람이라도 인지 편향에 빠진다.

본인은 인지 편향이 없다고 생각하는 사람이 제일 위험하다. 사람마다 생기는 인지 편향의 종류는 굉장히 다양하다. 인지 편향은 뇌의 정보 처리 과정에서 무의식적으로 생기기 때문에 특별히 예방할 수 있는 방법은 없다. 생겼는지 안 생겼는지 알기도 쉽지 않기 때문에 수시로 깨주는 수밖에 없다. 가장 좋은 방법은 다양한 사람들과 얘기를 나눠보며 서로 생각이 다른 부분을 찾는 것이다.

인지 편향 중에서 원래 가지고 있던 생각을 강화하려는 경향성을 확증 편향*Confirmation Bias*이라고 한다. 투자자들에게 가장 많이 생기는 인지 편향이다. 모든 투자자는 자신이 투자한 자산 가격이 상승하고 자신이 옳은 선택을 했길 바라기 때문에 확증 편향을 갖고 있다.

그래서 투자 포지션에 따라 똑같은 뉴스가 어떤 사람에게 호재가 되고, 어떤 사람에게는 악재가 된다. 어떤 정보든 되도록이면 본인에게 유리하게 해석하기 때문이다. 정도의 차이는 있다. 아주 가벼운 수준의 확증 편향을 가진 사람도 있고, 고집 수준으로 심각한 사람도 있다. 별것 아닌 뉴스를 대단한 것처럼 생각하기도 하고, 심각한 뉴스를 별것 아닌 걸로 과소평가하기도 한다. 모두 인지 편향의 일종이다.

심하면 본인의 생각과 반하는 소식을 모두 가짜 뉴스로 치부하고 거부하기도 한다. 이런 수준까지 가면 어떤 정보를 수집하든 의사 결정에 좋은 영향을 끼치지 못하게 된다. 사회 통념에 빠진 투자자는 비이성적으로 흔들리는 시장 심리의 일부가 되지만, 확증 편향에 빠진 투자자는 현실과 상관없이 혼자만의 세계에 빠진다. 둘 다 잘못된 투자 결정으로 이어지는 투자의 방해 요소다.

나도 투자를 해오는 동안 종종 확증 편향에 빠졌다. 내가 가장 많이 빠졌던 착각은 내가 공부하고 있는 자산과 사랑에 빠지는 것이었다. 수익을 많이 안겨다주는 자산일수록 사랑에 빠지기 쉬웠다. 내가 공부하면서 열광했던 테슬라나 비트코인, 이더리움 같은 자산들이 10배 15배 가격이 뛰다보니 나도 어쩔 수 없이 일론 머스크*Elon Musk*가 사랑스러워 보이고 비트코인이 사랑스러워 보였다. 내가 투자한 것보다 더 나은 투자 수단은 이 세상에 없는 것처럼 보였다.

문제는 그 상태에 취해 더 이상 생각하길 멈췄다는 것이다. 평생 매력적인 자산은 없다는 걸 간과했다. 세상이 변하고 사람들의 생각이 바뀌면서 자산의 매력도 달라지고 가격도 변한다. 가격이 오른다는 뜻은 시장의 시각이 점점 따뜻해지고, 반대로 투자 매력은 점점 떨어지기 시작한다는 뜻이다. 시장의 여론이 내 생각을 따라 잡으면 더 이상 수익의 기회가 없기 때문이다.

하지만 내 시각은 바뀌지 않았다. 어차피 아무리 찾아봐도 이것보다 나은 투자는 없을 것 같다는 생각이 들어 공부를 멈췄다. 모든 주식이 테슬라의 아류로 보이고 모든 블록체인 프로젝트들이 비트코인과 이더리움의 아류로 보였다. 더 이상 투자 매력만으로 자산을 바라보지 않고 있었다. 나도 대중 심리의 일부가 되어버린 것이다. 주식 시장과 가상자산 시장이 빠르게 바뀌고 새로운 흐름이 나타나는데도 편견에 사로잡혀 제대로 미래를 바라볼 수 없었다.

물론 이들은 여전히 일반적인 자산에 비해 훨씬 빠르게 성장하고, 아직 성장 여력도 많이 남았지만, 이 사실이 역설적으로 내 눈을 가렸다. 내가 투자한 게 최고라는 생각에 더욱 매력적인 투자 기회를 많이 놓쳤다. 다음에 올 버스가 어딜지 끊임없이 생각하고 있었다면 충분히 잡았을 수 있는 기회들이었다. 똑같이 10배 이상, 혹은 그 이상 차익을 볼 수 있었던 기회였지만 훨씬 더 적은 수익에 만족해야 했다.

본문을 시작하면서 언급한 디파이 시장이 그 예 중 하나다. 나는 클레이스왑을 비롯한 디파이 시장의 성장에 대해 예전부터 알고 있었다. 주변에 같이 공부하는 투자자들은 그들의 가능성에 대해 공부하고 열광하면서 투자를 시작했지만 나는 늑장을 부리다 늦게서야 공부하기 시작했다. 투자를 해야겠다는 결정은 공부를 하자마자 거의 바로 내리게 됐지만, 실제 들여다보기 전까지 너무나 많은 시간을 허비했다.

결과적으로는 그래도 10배 정도의 차익을 거뒀지만, 조금만 더 빨랐다면 투자금도 더 많이 투입했을 것이고 10배가 아닌 20배를 벌 수 있었을 것이다. 비트코인에 대한 인지 편향에 잠시 사로잡힌 것이 10억 원 이상의 수익을 놓치게 한 셈이다. 투자에서는 가만히 있는 것도 하나의 선택이라는 사실을 다시 한 번 깨닫게 된 에피소드였다.

투자에서 편향된 생각을 만드는 요인

가격이 주는 인지 편향이 사실 투자에서는 가장 흔하다. 가격의 상승이 결국 투자의 목적이자 가장 확실한 결과물이기 때문이다.

나는 〈세상학개론〉 유튜브 채널을 운영해오며 예전부터 비트코인에 대한 설명과 투자 근거, 미래 비전에 대해 얘기해왔다. 그러나 비트코인의 가격은 2018년 초 폭락 이후 쭉 지지부진한 움직임을 보여왔고, 그에 따라 사람들의 관심도 시들한 상태였다. 아무리 다양한 근거를 내세워도 설득력을 얻지 못했고 비웃음을 사기도 했다.

도박과 같은 투자를 하는 사람들에게까지 도박꾼 취급을 받았다.

비트코인의 가격이 몇 백만 원에서 천만 원으로 오르고, 수천만 원이 넘는 지금은 다르다. 비트코인의 가격이 오르면 오를수록 내 영상에 귀 기울여주는 사람들이 많아졌다. 가격이 어느 정도 오른 후에도, 오르고 있는 추세일 때는 맞장구와 감사의 댓글이 많이 달리지만, 가격이 잠시 떨어지면 부정적인 댓글이 하나둘 달리기 시작한다. 가격이 하락세를 멈추고 다시 상승을 시작하면 부정적인 댓글은 싹 사라진다. 똑같은 얘기를 해도 가격이 오르고 있을 때는 설득력이 생기고, 가격이 떨어지고 있을 때는 사라지는 것이다. 어떤 자산이 가격이 오르고 있을 때 누군가가 그 자산에 대해 좋은 말을 하면 그 말은 뭔가 설득력이 있어 보이고, 좋은 말을 했는데 가격이 오르지 않고 떨어지면 설득력이 떨어진다.

하지만 가치와 가격은 실시간으로 연동되는 것이 아니다. 가치가 시장 심리를 통해 가격에 반영되기까지는 오랜 시간이 걸릴 수 있다. 정말 저평가된 자산이 오랫동안 제 가치로 평가받지 못할 수도 있고, 큰 가격 버블도 몇 년간 유지될 수 있다. 버블이 꺼지지 않는 동안 실제 가치가 버블이 꼈던 가격 수준을 따라잡을 수도 있다.

현재 기준의 가격 흐름을 설명하는 의견만 듣다 보면, 시장 심리에 휘둘려 진짜를 볼 수 없게 된다. 시장보다 한 발짝 앞서서 남들이 아직 보지 못한 기회를 찾으려면 어떤 의견이든 가격이라는 요소를 배제하는 게 좋다. 남들이 설득력이 없다고 생각하는 얘기가 정말 설득력이 없는 건지, 아니면 가격이 잘 오르지 않아 설득력이 없다고 착각하고 있는 건지, 이것만 잘 판단할 수 있어도 굉장히 많은 기회를 찾을 수 있다. 예전부터 비트코인의 가격과 상관없이 내 주장과 근거를 귀 기울여 들어주었던 사람은 모두 남들보다 빠르게 기회를 잡을 수 있었다.

그냥 빠르게 돈 버는 법을 알고 싶은 사람에게

투자 공부를 하긴 싫고 그냥 빠르게 돈 버는 법을 알고 싶었던 사람이라면 이 책에서 자꾸 공부 얘기를 하는 게 불편할 수 있다. '공부는 학교에서 끝인 줄 알았는데 투자 공부를 해야 한다니, 역시 투자도 내 적성에 안 맞아'라는 생각이 들 수도 있다.

그렇다면 반대로 묻고 싶다. 학교나 직장에서는 하루에 8시간을 아무 생각 없이 쓰면서 왜 투자에는 하루 2시간도 쓸 생각이 없는지. 그러면서 어떻게 직장에서 버는 돈보다 많이 벌 거라고 기대하는지. 뭐든지 내가 잘해야 재밌고, 잘해야 적성에 맞는다. 처음부터 잘할 수 있는 일을 찾는 것보다는 연습해서 내가 하는 일이 내 적성이 되게 만드는 것이 현명하다. 처음부터 잘하고, 처음부터 적성에 맞는 일은 영영 못 찾는 경우가 많기 때문이다.

그나마 투자 공부는 다른 공부에 비해 생활에 도움이 되는 편이다. 투자는 단지 자산의 가격 변화를 예측하는 일이 아니라 세상의 변화를 예측하는 일이다. 많은 사람들이 투자를 세상과 동떨어진 별개의 분야라고 오해해 투자 공부를 할 때도 '투자만의 영역'인 가격 차트 등에 집중한다.

하지만 투자는 오히려 반대로 경제, 법, 정치, 예술, 과학 등 세상 모든 분야와 긴밀하게 연결되어 있다. 직관적으로 투자와 큰 상관 없어 보이는 세상 공부가 실제로는 투자에 큰 도움이 된다. 세상을 넓게 보고 크게 볼 줄 아는 사람들, 세상이 어떻게 돌아가는지 아는 사람들이 그 세상의 미래도 더 잘 그려볼 수 있고, 나아가 투자도 더 잘할 수 있다. 투자의 결과물로 따라오는 경제적 자유와 시간의 자유는 덤이다.

[매수]
감정은 이용하지 못할 바에
죽여라

누구나 그럴싸한 계획을 가지고 있다. 한 대 얻어맞기 전까지는.
_마이크 타이슨

가끔 사람들은 투자자들이 쉽게 돈을 번다고 손가락질하곤 하는데 그런 사람들 중에 실제로 투자를 통해 큰돈을 벌어봤거나 투자로 돈 벌 능력이 있는 사람은 거의 없다. 대부분 투자에 자신이 없거나 좋은 투자 기회를 여러 번 놓친 사람들이다. 그들이 진심으로 투자가 쉽다고 생각했다면 이미 투자에 뛰어들어 큰 부자가 되어 있었을 것이다.

그들의 말이 틀린 건 아니다. 이론적으로 투자를 잘하기란 너무 쉽다. 뭔가를 싸게 사서 비싸게 팔기만 하면 된다. 이론적으로는 간단해 보이지만 실제로 몇 달만 해보면 이게 생각보다 어렵다는 사실을 알 수 있다. 냉정을 유지할 틈이 없이 시장의 다양한 변수들이 멘탈에 펀치를 날리기 때문이다. 누구나 그럴싸한 투자 계획을 갖고 투자에 입문하지만 실제로 그 계획대로 투자하는 사람은 많지 않다. 가격 급등과 폭락을 몇 번 맞으면 멘탈이 무너진 상태로 이리저리 전략을 수정하다 손해를 보기 일쑤이다. 대체 왜 사람들은 싸게 사서 비싸게 파는 걸 못할까? 가격이 쌀 때는 왜 못 사고 가격이 비쌀 때는 왜 못 팔까?

투자자의 가장 큰 적은 자신의 불안정한 심리다. 불필요한 감정에 휩싸이는 투자자는 스스로 공부한 내용은 물론이고 투자 원칙과 철학까지 무시한 비합리적인 결정을 하기 쉽다.

투자자의 공격력	투자자의 방어력
투자에 대한 지식, 원칙, 철학	감정 기복을 이겨낼 수 있는 멘탈

아무리 투자 기술이 뛰어나더라도 강한 멘탈이 없으면 형편없는 투자자가 된다. 별일 없이 오르기만 하는 시장에서는 투자 기술이 뛰어난 사람이 성공하지만, 변동성이 심하거나 가격이 떨어지는 시장에서는 멘탈이 단단한 사람이 성공한다. 투자 기술의 수준에 투자 멘탈의 수준을 곱한 것이 투자자의 실질적인 실력이라고 생

각하면 된다.

투자 실력 = 투자의 기술 × 투자자의 멘탈

투자자의 심리를 흔드는 가장 위험한 감정은 '욕심'과 '공포'다. 욕심과 공포는 투자자의 리스크 수용 능력을 180도 바꿔버리는 아주 강력한 감정이다. 투자에 실패한 사람들의 이야기를 들어보면 대부분 '욕심에 눈이 멀어', '공포에 휩싸여' 돌이킬 수 없는 실수를 한 경우다. 욕심에 눈이 먼 사람은 리스크를 과소평가하고 리스크 수용 능력이 올라간다. 더 높은 수익률을 따라 리스크에 대한 걱정 없이 위험한 투자에 뛰어든다. 반대로 공포에 잡아먹힌 사람은 눈앞의 리스크를 과대평가하고 리스크 수용 능력이 크게 떨어진다. 별것 아닌 일에도 겁을 집어먹고 일단 탈출하고 본다.

투자는 결국 사람들이 하는 것이기 때문에 대부분의 투자자들은 동시에 비슷한 감정에 휩싸이게 마련이다. 그래서 전체적인 시장 역시 비이성적인 감정에 따라 움직일 때가 많다. 한두 명의 투자자만 비합리적인 결정을 하는 것이 아니라, 시장 참여자 대부분이 비합리적인 결정을 하는 것이다.

'포모*Fear of missing out, FOMO*' 현상 때문이다. 고립공포감, 남들보다 뒤처지거나 무리에서 제외되는 것에 대한 불안함을 뜻한다.

남들은 다 아는데 나만 모르고, 남들은 다 돈 버는데 나만 못 벌고 있는 것 같은 기분이 들면 후회하고 싶지 않다는 생각에 남들이 하는 걸 그대로 따라 하게 된다. 사촌이 땅을 산 게 배가 아파 무작정 땅 투자에 뛰어드는 느낌이다. 포모 현상에 휩쓸리지 않고 본인의 전략만 따라 '마이웨이'로 움직이는 투자자는 거의 없기 때문에, 시장은 종종 한쪽으로 과민반응을 일으킨다. 초보 투자자들의 비중이 높은 시장일수록 작은 뉴스에도 이리저리 움직이고 오전과 오후의 시장 분위기가 완전히 달라지기도 한다.

시장의 과민 반응은 곧 수익을 뜻한다. 가격과 실제 가치 사이에 괴리가 생기기 때문이다. 시장의 비이성이 가라앉으면 이런 수익의 기회는 빠르게 사라진다. 괴리가 사라지기 전에 이런 과민반응을 가장 먼저 감지하는 사람들이 수익의 기회를 잡는다. 멘탈이 강한 사람이 투자를 잘하는 이유다.

우리는 부처가 아니기 때문에 감정에 휘둘리는 것을 절대 피할 수는 없다. 중요한 것은 감정에 휘둘리지 않는 것이 아니라, 남들보다 조금 더 빨리 정신을 차리는 것이다. 감정을 없앤다는 생각보다는 감정과 이성을 분리한다고 생각하면 된다. 상승장과 하락장을 골고루 겪으면서 감정에 휩싸인다는 게 어떤 건지 스스로 몇 번 느껴보면 이 말이 잘 이해될 것이다.

멘탈이 흔들리는 진짜 이유

어떤 일이 있어도 빠르게 회복되는 강한 멘탈을 만들기 위해서는 멘탈을 가장 크게 흔드는 요소들을 이해해야 한다. 앞서 말한 욕심과 공포를 잘 이해하면 실제로 욕심과 공포에 휩싸일 때 대응도 더 잘 할 수 있다. 어떤 과정으로 멘탈이 흔들리는지, 어떻게 비이성적으로 변하는지를 알면 남들보다 좀 덜 흔들릴 수 있고 남들보다 좀 더 빨리 정신을 차릴 수 있다.

투자자들이 가장 멘탈이 흔들리는 시장은 하락장이다. 대부분의 투자자들은 가격이 하락하는 장세에서 손실에 대한 공포를 느낀다. 특히 대규모의 가격 폭락을 만났을 때 극심한 두려움에 휩싸인다. 투자를 시작하기 전까지는 살아오면서 하방 리스크가 있는 일을 해본 적이 없기 때문이다. 투자 경험이 적으면 적을수록 더 쉽게 멘탈이 붕괴된다. 투자에 실패해 인생을 망친 사람들의 이야기가 떠오르며 역시 투자를 시작하지 말걸 하는 생각이 들기 시작한다. 그러다 '투자금이 0원이 되면 어떡하지?', '이러다 빈털터리가 되면 어떡하지?' 등등 말도 안 되는 상상을 하기 시작한다.

이미 합리적인 판단 능력은 사라져버린다. 장기투자를 하겠다고 마음먹었던 사람도 갑자기 단기투자자가 된다. 몇 년 후의 미래를 보고 투자한다고 해놓고서는 눈앞의 두려움 때문에 얼른 팔아야겠다는 생각에 빠져든다. 장기적으로 꾸준히 수량을 늘려갈 장기투자 대상이라면 오히려 싸게 살 수 있도록 가격이 떨어지는 게 더 좋은 일인데도 말이다.

손실에 대한 공포에 휩싸이는 이유는 크게 2가지다. 투자의 근거가 부족한 상태로 투자를 하고 있거나, 본인이 감당하기 어려울 정도로 많은 돈을 투자하고 있는 경우다. 근거가 빈약할수록, 투자금이 본인의 능력에 비해 부담될수록 손실을 감내할 수 있는 능력은 현저히 떨어진다. -30~-40% 하락 정도는 편안하게 여기는 사람이 있는 반면, 겨우 -5~-10%의 하락에도 잠을 못 이루는 사람도 있다. 혹시 손실 때문에 잠을 이루지 못했던 경험이 있다면 이 2가지를 미리미리 체크해두고 손실에 대한 공포를 예방하기 바란다.

먼저 어떤 자산에 투자를 할 때는 언제나 흔들리지 않는 단단한 근거가 바탕이 돼야 한다. '친구의 친구가 오른다고 해서', '인터넷에서 이게 뜬다길래', '뉴스에 나와서' 등은 제대로 된 투자 근거가 아니다. 너무 흔들리기 쉽기 때문이다. 친구의 친구는 언제든지 생각을 바꿀 수 있고 인터넷의 글쓴이는 사기꾼일 수도 있다. 뉴스는 항상 알지도 못하면서 호들갑을 떤다.

언제든지 사람을 믿지 말고 상황을 믿어야 한다. 가격이나 가격의 추이가 근거가 되어서도 안 된다. 며칠 동안, 혹은 몇 주 동안 꾸준히 올라왔으니까 앞으로도 오를 것이라고 생각하는 건 순진한 생각이다. 가격은 관성의 법칙에 적용받지 않는다. 어제 오늘 가격이 올랐다고 해서 내일도 오른다는 뜻은 아니다. 확률상으로는 오히려 반대다. 가격이 오를수록 상승여력은 점점 줄어든다.

상승장에서는 이런 근거만으로 투자하는 게 괜찮아 보일 수 있다. 남들도 다 그렇게 하니까, 그래도 가격이 오르니까 좋은 투자를 하는 것처럼 보인다. 하지만 갑자기 가격이 하락하고 공포 분위기가 감돌기 시작하면 결국 밑천이 드러난다. 그동안 하고 있던 투자가 얼마나 약한 모래성이었는지, 투자라고 생각했던 일이 얼마나 투기에 가까웠는지 깨닫게 된다.

제대로 된 투자 근거는 가격 하락이 왔을 때 의지할 수 있는 근거여야 한다. 실제로 자산의 근본적인 강점이 훼손되어 투자를 할 이유가 없어진 것인지, 아니면 단순히 시장이 과도하게 공포에 휩싸여 발작을 하고 있는 건지 판단할 수 있는 기준이 필요하다. 가격이 떨어지는 공포 속에 얼른 매도해야겠다는 생각이 든다면, 애초에 매수에 확신을 주었던 요소가 무엇인지 다시 한 번 생각해 보는 게 좋다. 매수 근거가 흔들리지 않았다면 매도해야 할 근거도 없다. 근거는 그대로인데 가격만 떨어진다면, 남들이 팔까 말까 고민하는 때가 오히려 투자의 기회일 수도 있다.

손실의 공포에 잡아먹힌 사람은 하락장이 올 때마다 이러다 시장이 끝나버릴지도 모른다는 생각을 하지만 대부분의 경우 시장은 끝나지 않는다. 과도한 매도세에 힘입어 깊게 바닥을 찍었다가 결국엔 다시 회복된다. 매수 근거가 약했던 사람들을 다 털어버린 상태로 회복을 넘어 전보다 더 높이 올라가는 경우도 있다.

탄탄한 투자 근거가 있는데도 손실에 대한 공포가 너무 크다면 본인이 단순히 돈을 너무 많이 투자했기 때문이다. 레버리지를 이용해 투자하는 사람들에게 자주 나타난다. 나름 열심히 공부해 근거가 탄탄한 투자 결정을 했는데도 불구하고, 혹시나 틀렸을 때 치러야 할 대가가 너무 크다보니 작은 손해에도 확신이 흔들리는 케이스이다.

순자산이 1000만 원밖에 안되는데 1억 원의 대출을 받아서 투자하는 사람은 -10%의 일상적인 손실도 무시무시하게 느껴질 수밖에 없다. -10%의 손실이 마음의 부담으로 다가올 정도라면 지금 투자하고 있는 금액은 본인이 감당할 수 없는 돈이다. 현재 본인의 그릇보다 큰 투자금을 굴리면 탈이 난다. 무조건 투자금이 높은 게 좋은 게 아니다. 본인이 침착함을 유지할 수 있는 만큼의 돈으로 투자하는 것이 가장 빠른 길이다. 특히 전세금이나 가족의 생활비, 남의 돈으로 투자를 하고 있는 사람이 있다면 당장 투자를 그만두길 바란다. 원금을 잃을 수 있는 곳에 투자하고 있다면, 잃어도 인생에 큰 지장이 없는 만큼의 돈으로 투자해야 한다.

투자 근거도 확실하고 큰돈을 투자한 것도 아닌데 멘탈이 흔들리는 경우도 있다. -50% 이상의 큰 손실을 입은 경우다. 마이너스 수익률이 거슬린다면 그냥 팔아버린 후 바로 그 가격에 다시 사는 걸 추천한다. 몇몇 증권사 앱이나 가상자산 거래소 앱의 경우 평균 매입가를 수동으로 수정할 수 있는 기능이 있기 때문에 이걸 이용해도 된다. 금액 면에서 실질적인 차이가 생기는 것은 아니지만, 마이너스 수익률은 보고만 있어도 짜증이 나고 의욕을 떨어뜨리기 때문에 수익률을 리셋하는 게 심리적인 안정에 도움이 될 수 있다.

투자는 결국 제로섬 게임이다

상승장에서는 모든 투자자들이 멘탈이 좋다. 수익은 사람을 행복하게 하기 때문이다. 이럴 때는 투자자들이 멘탈이 강해서 기분이 좋은 게 아니라 단순히 시장 상황이 좋기 때문에 기분이 좋은 것이다. 하지만 투자는 결국 제로섬 게임이다. 모든 투자자가 기분이 좋은 시장은 절대로 오래 가지 않는다. 투자 잔고를 보는 게 행복하면 행복할수록 본인의 감정을 경계해야 한다. 주식 앱이나 거래소 앱 화면을 캡처해서 남들에게 자랑하고 싶은 마음이 든다면 슬슬 경계심을 가져야 할 타이밍이다. 너무 환희에 취하면 탐욕에 빠지기 쉽기 때문이다.

인간은 추세가 지속될 것이라고 믿는 경향이 있다. 하락장에서는 하락이 지속될 거라는 착각을 하고 상승장에서는 상승장이 계속 이어질 거라는 착각을 한다. 주변 모두와 언론에서 내가 투자한 자산에 대해 얘기하기 시작하고 시장가격이 급등하면 자신감이 붙고 이런 상승이 당연하게 느껴진다. 상승이 지속되길 바라고 있기 때문에 별 근거 없이 억지로라도 상승장이 지속될 거라고 믿는다. 더 나아가면 본인은 언제까지 상승장이 이어질지 예측할 수 있다는 착각까지 하게 된다. 수익의 기회가 내가 미리 알아본 가치와 시장 인식의 괴리에서 온다면, 오히려 시장이 주목하면 주목할수록 수익의 기회는 점점 줄어드는 데 말이다.

착각이 위험한 것은 확실한 근거 없이 미래를 확신하게 되기 때문이다. 가격이 떨어지는 하락장에서 본인의 매수 근거를 곱씹으면서 확신을 강화했다면, 가격이 올라가는 상승장에서는 본인의 매수 근거를 다시 생각하면서 아직 그 근거가 유효한지, 지금도 새롭게 시장에 뛰어들 만큼 매력적인 기회인지 고민해봐야 한다. 과도한 확신을 줄이기 위한 과정이다.

과도한 확신을 하게 되면 그 확신을 통해 최대한 많은 수익을 얻으려고 계속 더 큰 수익, 더 큰 수익률을 찾게 된다. 돈 욕심에 사로잡혀 리스크를 과소평가하고 리스크에 대한 수용성이 올라가 원래라면 하지 않았을 무리한 투자를 한다. 이미 포모 현상으로 과도한 매수세가 이어지는 자산에 대출을 받아 투자하거나, 현금 비중을 남겨두지 않고 모조리 고위험 고수익*High risk, high return* 자산에 투자하는 것은 모두 기존의 투자 원칙을 깨는 일들이다.

영원한 상승장은 없다. 아무리 빠르게 상승하는 시장도 하락을 여러 번 겪으면서 올라가는 게 보통이고 투기 열풍이라는 말을 들을 정도로 과한 매수세는 장기적으로 지속이 불가능하다. 당연히 큰 하락, 또는 조정을 맞게 되는 경우가 대부분이다. 이런 분위기 변화는 대응할 새도 없이 갑자기 닥친다. 탐욕이 크기가 큰 만큼 파티가 끝났을 때 공포의 크기도 커지기 때문이다.

조금만 상승 분위기가 바뀌는 것 같으면 사람들의 심리는 포모 현상으로 인해 바로 180도 바뀐다. 가격이 급등하면 급등할수록 이어지는 하락도 가파르다. 이런 급락이 오면 탐욕에 빠져 리스크 관리에 소홀했던 사람은 큰 피해를 보게 된다. 하락의 타격을 강하게 맞는 자산 위주의 포트폴리오를 짜고 하락에 대응할 수 있는 현금도 준비해놓지 않았기 때문이다. 상승장에서 바보 같은 선택처럼 보였던 현금이 결과적으로 가장 좋은 선택이 된 것이다.

사람들의 욕심과 공포를 이용하라

'시장과 반대로 가면 돈을 번다'는 말은 결국 시장의 심리와 거꾸로 가라는 말이다. 시장이 탐욕에 빠져 있을 때일수록 경계심을 갖고, 시장이 공포에 빠져 있을수록 기회를 노려야 한다. 역사적으로 가장 현명했던 투자 결정들은 그 당시에 멍청한 선택 취급을 받은 경우가 많다.

부동산 버블이 꺼진 이후 모두가 아파트 값이 계속 폭락할 거라고 믿었고 아파트를 사는 건 멍청한 짓이라고 생각했지만, 그때 아파트를 산 사람들은 '벼락부자'가, 아파트를 팔아버린 사람들은 '벼락거지'가 되었다. 닷컴 버블이 꺼진 이후 IT기업에 투자하는 사람들은 아직 정신 못 차린다고 손가락질 받았지만 결과적으로 가장 잘한 선택이 되었다. 12년간 몇 번이나 버블이 생기고 꺼지길 반복한 비트코인의 경우 항상 버블 붕괴 직후가 가장 투자하기 좋은 타이밍이었다.

반대로 잘못된 선택이었던 결정들은 당시 시점에서 보기에는 가장 합리적이고 올바른 선택이었던 경우가 많다. 지금은 모두가 가진 재산을 '영끌(영혼까지 끌어모으다)'하고 최대한 대출을 받아 아파트를 사고 있지만 몇 년 후에는 상황이 달라질 수도 있다. 모두가 인플레이션을 두려워하고 현금이 위험하다고 생각하고 있지만 결과적으로 현금의 가치가 과소평가되는 일이 생길 수도 있다.

지금 생각하면 과거에 왜 대다수의 사람들이 멍청한 투자 결정을 했는지 이해가 안 될 수 있지만, 우리가 지금 현명하다고 생각하는 결정들도 시간이 지나면 멍청한 판단으로 보일 수 있다. 사람들은 항상 그 시점에서 가장 합리적이라고 생각하는 판단을 하는 것이다. 미래가 어떻게 될 지는 아무도 모르기 때문이다.

시장의 심리와 반대로 가는 것은 굉장히 힘든 일이다. 나중에 현명한 판단으로 평가받기 전까지 위험하고 멍청한 투자자 취급을 받아야 하는 걸 떠나서, 시장의 과민반응을 정확하게 읽는다는 건 아무나 할 수 있는 일이 아니다. 시장의 심리가 수치적인 지표로 나타나는 건 아니기 때문이다. 신문 기사나 유튜브를 통해 사람들의 행태를 간접적으로 이해하는 수밖에 없다.

'어떤 자산'에 투자를 안 하던 사람들까지 적금을 깨서 투자에 뛰어들거나 정당화할 수 없는 급격한 가격 상승이 이어지는 건 비이성적인 탐욕의 신호가 될 수 있고, '어떤 자산'에 사람들이 반사적으로 투자를 거부하거나 투자가 멍청하다고 생각하는 건 비이성적인 공포의 신호가 될 수 있다.

이 '어떤 자산'에 부동산, 주식, 가상자산 등 아무거나 넣어서 읽어보자. 지금 어디에 탐욕이 서려 있고 어디에 공포가 휘감겨 있는지 대략 감을 잡을 수 있다.

하지만 말이 쉽지 실제로 해보면 시장의 심리에 같이 휩쓸리는 경우가 허다하다. 이런 간접적인 신호들은 경고등만 울린 채로 몇 달 내내 지속될 수 있기 때문이다. 아무 일 없이 경고등만 계속해서 울리면 잘못된 경고등이라는 생각이 들기 시작한다. 아무리 비이성적인 일도 몇 달 내내 계속되면 이게 비이성적인 것인지 긴가민가 해지고 정상적이라는 착각이 생긴다.

멀더라도 확실한 미래에 집중하라

욕심과 공포를 잘 이용하면 돈을 벌 수 있지만, 현실적으로 투자를 막 시작한 사람들에게 추천할 수 있는 방법은 아니다. 그 다음으로 좋은 방법은 단기적인 시장의 심리에 흔들리지 않도록, 멀더라도 아주 확실한 미래에 집중하는 것이다. 흔들리지 않는 확실한 근거, 단기적인 호재와 악재를 무시할 만한 장기적인 시대의 흐름에 투자하는 걸 말한다.

전기차 트렌드는 이제야 현실화되기 시작했지만 몇 년 전부터 의심의 여지가 없었던 방향성이다. 가상세계(메타버스) 및 가상자산의 발달도 아주 예전부터 이어져 온 트렌드다. 기후 변화와 식량 부족, AI의 인간 대체 등등 돌이킬 수 없는 시대의 흐름은 많다. 다들 여러 번의 상승과 하락을 겪어왔지만 뒤돌아보면 결과적으로 엄청나게 성장하고 있는 분야들이다.

단기투자에 익숙한 투자자들에게 이런 초장기투자는 별로 매력이 없어 보일 것이다. 수익을 내는 데 너무 시간이 오래 걸릴 것 같고 지루한 투자로 보이기 때문이다. 하지만 단기투자가 버는 만큼 잃을 일도 많다는 걸 생각하면, 가장 확실한 길이 어떻게 보면 제일 빠른 길이다.

확실한 믿음만큼 멘탈을 강하게 해주는 것도 없다. 워런 버핏 역시 속도는 느리지만 확실하게 부자가 되는 초장기투자 전략을 택했고 결국 장기적으로 다른 모든 투자자들을 앞설 수 있었다.

세상에 관심이 있다면 기회를 잡는 것은 그리 어렵지 않다. 일생일대의 기회는 지금도 우리 주변에 널려 있다. 제일 어려운 것은 잡은 기회를 놓치지 않고 쥐고 있는 일이다. 성공하기 전까지는 내가 잡은 게 기회인지 썩은 동아줄인지 확실하지 않다. 언제까지 썩지 않고 튼튼하게 유지될 수 있을지도 확실하지 않다. 기회를 잡고 유지하는 일은 그런 불확실성과의 싸움이다. 아무리 좋은 선택을 하더라도 불확실성을 이겨내고 오랫동안 그 선택을 유지하는 일은 상당히 어렵다.

좋은 선택을 하고 불확실성을 이겨내는 법

내가 회사에 다닐 때 수도 없이 들었던 얘기가 '~할걸'에 대한 얘기다. "테슬라가 쌀 때 좀 사둘걸", "그때 그 돈으로 차 사지 말고 삼성전자 주식을 살걸", "그때 그 돈으로 아파트를 살걸", "그때 비트코인을 10만 원만 사둘걸!" 등등 후회의 종류는 많다. 이런 얘기를 하는 사람이 얼마나 많은지 '걸'과 '앵무새'를 합친 '껄무새'라는 용어도 생겼다. 하지만 이런 사람들이 실제로 예전에 삼성전자 주식이나 비트코인을 샀어도 부자가 되긴 힘들었을 것이다. 그렇게까지 오를 것이라는 비전이 없는 상태로는 거기까지 올라오는 과정에서 욕심과 공포를 이길 수 없기 때문이다.

비트코인을 사지 못해 후회하는 사람들이 비트코인이 1000원일 때 100만 원어치를 샀으면 정말로 지금쯤 100억 원대 부자가 될 수 있었을까? 지금은 비트코인의 가격이 1000만 원대까지 올랐다는 걸 알고 있지만, 그 당시에는 그런 확신을 가진 사람들이 없었다. 가격이 어디까지 오를 수 있을지, 어디가 '중간'인지는 모르는 상태에서 1만 배의 수익에 도달할 때까지 팔지 않고 가만히 보유하고 있을 확률은 0에 가깝다. 단순히 전망이 좋다더라, 기대 수익이 높다더라 남들 말만 듣고 투자한 사람들은 100만 원을 투자한 비트코인이 몇십억 원, 몇 억 원으로 오를 것도 없이 1000만 원만 되었어도 팔아버렸을 것이다. 오르는 걸 보면서도 왜 오르는지, 어느 정도까지 오를 수 있는지 모르기 때문이다. 그래서 실제 자산의 잠재력보다 너무 일찍 이익을 실현해버리는 일이 발생한다.

이익 실현에서 끝나면 다행이지만, 가격 상승이 지속될 경우 본인이 판 가격보다 훨씬 높은 가격에서 다시 사버리는 경우가 있다. 이럴 땐 보통 높은 가격에서 다시 사자마자 가격 하락을 맞고 손절하고, 다시 가격이 오르면 뒤늦게 따라 사고 다시 하락을 맞는 비극적인 결말로 끝난다.

투자금이 1만 배 이상으로 불었다면 팔지 않을 이유가 없지만, 그렇다면 1000배, 100배, 10배에서도 팔지 않을 이유가 없다. 팔지 않을 이유가 없다는 사실이 역설적으로 가장 큰 함정이 되는 것이다. 그래서 비트코인을 1000원에 산다는 단 하나의 선택만으로는 일확천금의 주인공이 될 수 없다.

가격이 2배가 뛴 2000원일 때도 팔지 않아야 하고, 3000원일 때도 팔지 않아야 하고, 4000원일 때도 팔지 않아야 한다. 가격이 끊임없이 올라 10만 원, 100만 원을 지나 1000만 원이 될 때까지, 끊임없는 가격 변동 속에서 오랜 기간을 팔지 않고 버텨야만 비로소 1만 배의 수익을 얻을 수 있다. 물론 겨우 1만 배에서 만족하고 팔아버리는 게 멍청한 선택이 될 수도 있다.

단 한 번만 선택을 제대로 하면 투자로 평생 먹고살 수 있다는 건 완벽한 환상이다. 그게 사실이라면 옛날에 삼성전자 주식이나 애플 주식을 산 사람들은 모두 엄청난 부자가 되었을 것이다. 투자는 끊임없는 선택의 연속이다. 어제의 선택을 오늘 바꾸지 않는 것도 하나의 선택이고, 과거의 선택을 바꾸지 않고 버티는 매 순간이 곧 수많은 선택이다.

수없이 많은 공포의 순간을 이겨내고 본인의 올바른 선택을 유지하려면 투자의 바탕에 확실한 비전이 깔려 있어야 한다. 수익률이 떨어지면 '역시 내가 잘못 생각했나보다'라는 공포가 괴롭히고, 수익률이 커지면 '너무 늦으면 팔 기회를 놓친다'는 공포가 괴롭힌다. 이런 공포심은 비이성적이 아니라 합리적으로 보이기 때문에 더욱 괴롭다. 미래에 올바른 선택으로 평가받기 위해 현재 시점에서 잘못처럼 보이는 선택을 고수한다는 건 절대 쉬운 일이 아니다.

옳은 투자 선택을 했더라도 결과가 바로 나오지 않는 경우가 많다

투자의 결과는 바로바로 나오지 않는다. 영화 〈빅쇼트〉에 나오는 주인공들도 본인들이 확실하다고 생각한 결론이 현실화되는데 몇 년을 버텨야 했다. 그들이 대단한 이유는 2008년 금융위기를 예측했기 때문이 아니라, 예측이 현실화되기까지 몇 년간 사람들의 비웃음거리가 되고 회사의 압박을 받고 본인 스스로를 의심하면서도 자신들의 포지션을 유지했기 때문이다. 투자의 가장 힘든 부분이 영화 속엔 거의 빠져 있는 셈이다.

나는 누군가가 운으로든 선택으로든 무언가에 투자해 1만 배의 수익을 얻었다면, 그 사람은 그 수익을 가져갈 만한 자격이 있는 사람이라고 생각한다. 잠재력이 큰 기회를 알아보는 걸 떠나서, 1만 배에 도달하기까지 수없는 감정 동요를 버텨냈다면 1만 배의 수익을 얻을 만한 그릇이 되는 사람이다. 50% 하락을 버틸 수 없는 사람이라면 2배의 수익도 감당할 수 없는 그릇이다.

본인이 생각한 미래가 확실하게 다가오고 있는데도 투자 결과가 생각만큼 나오지 않는다면, 남들은 다르게 생각하는데 아무리 공부하고 곱씹어봐도 본인의 생각이 옳다는 생각이 든다면, 그래도 인내심과 여유를 갖고 본인의 판단을 믿길 바란다. 워런 버핏의 말처럼 투자는 참을성 없는 사람의 돈이 인내심 많은 사람의 지갑으로 옮겨가는 과정이다.

자신이 다수의 쪽에 서 있다는 걸 발견할 때가
잠시 멈추고 생각을 되돌아봐야 할 때다.
_마크 트웨인

미국에 '블랙 프라이데이Black Friday'라는 말이 있다. 미국의 유통 회사들이 추수감사절 다음 금요일부터 크리스마스 때까지 재고떨이 겸 엄청난 규모의 세일을 하는 기간이다. 온 국민이 평소 사고 싶었던 물건들을 헐값에 구입하기 위해서 매장에 새벽부터 줄을 서고 밀치고 싸우고 난리가 벌어진다.

'블랙 먼데이Black Monday'라는 말도 있다. 1987년 10월 19일 월요일에 다우지수가 하루 만에 22% 폭락한 걸 이르는 말인데, 이후 비슷하게 하루에 큰 폭으로 주가가 하락하면 요일 앞에 '블랙'을 붙여 블랙 투스데이(검은 화요일), 블랙 웬즈데이(검은 수요일) 등으로 부른다.

블랙 프라이데이와 블랙 먼데이는 완전히 상관없는 용어처럼 보이지만, 실제로는 공통점이 많다. 블랙 프라이데이는 물건을 쇼핑하기 좋은 날이고, 블랙 먼데이는 주식을 쇼핑하기 좋은 날이다. 물건과 주식의 차이만 있을 뿐이지 둘 다 일시적으로 평소보다 가격이 엄청나게 떨어지기 때문에 평소에 갖고 싶었던 걸 헐값에 살 수 있다. 블랙 프라이데이에 물건을 산 사람과 블랙 먼데이에 주식을 산 사람은 둘 다 굉장한 이득을 본다.

하지만 직관적으로 블랙 먼데이에 주식을 사야겠다는 생각을 하는 사람은 거의 없다. 폭탄 세일 기간에는 누구나 쇼핑을 하고 싶어하지만, 폭락하는 주식을 사는 건 모두가 꺼린다. 꺼리는 걸 넘어서 공포감에 휩싸인 채로 도망가다시피 한다. 어떻게 보면 주식 시장은 세일만 하면 고객이 다 도망가 버리는 이상한 시장이다. 폭락하는 주식을 사는 걸 꺼리는 이유에는 여러 가지가 있지만, 가장 큰 이유는 투자를 하려는 회사의 가치 평가 방법이 모호하기 때문이다.

사람들이 의류나 전자제품을 살 때는 본인에게 이게 얼마나 가치가 있는지 어느 정도 알고 있다. 물건은 실제로 내가 사용할 수 있기 때문에 보자마자 사용 가치가 얼마나 있는지 판단이 선다. 사람마다 느끼는 가치도 대체로 비슷하다. 하지만 주식이나 가상자산 등은 다르다. 가치를 정확히 판단하기가 쉽지 않다. 그동안 뭔가를 살때는 직접 눈으로 보면서 가치를 가늠해왔는데, 주식은 눈으로 볼수 없기 때문이다. 경영학을 전공하지 않은 이상 아무도 가르쳐주는 사람도 없다. 가치를 판단하는 법을 모른다는 게 투자가 어렵게느껴지는 이유 중 하나다.

그래서 사람들은 그나마 쉽게 볼 수 있는 가격을 통해 가치를 판단하기 시작한다. 단순히 자산의 가치가 오르니까 가격이 올랐을것이고, 가치가 떨어지니까 가격도 떨어졌을 거라고 생각하는 것이다. 가치를 판단하는 수단이 가격밖에 없으면 가격의 오르내림에따라 가치에 대한 생각도 흔들린다. 이런 사람들은 블랙 먼데이 같은 가격 폭락을 보고 주식의 가치도 함께 떨어졌을 거라고 생각하기 때문에, 실제 가치에 비해 저렴하게 살 수 있는 구간에서 섣불리매수를 결정하지 못한다. '가격이 온전히 가치를 반영한다'는 착각에서 오는 실수다.

가치는 가격에 직접적으로 반영되지 않는다

투자는 경제학이나 수학보다는 오히려 심리학에 가깝다. 결국 거래는 사람이 하는 것이고, 사람들의 심리에 따라 움직이기 때문이다.

자산의 가격과 가치는 컴퓨터 프로그램이 자동으로 연동해주는 것이 아니다. 자산의 가치와 상관없이 사려는 사람이 많아지면 가격이 오르고, 팔려는 사람이 많아지면 가격이 떨어진다. 자산의 가치 변동이 수요에 영향을 주긴 하지만, 자산의 가치가 변하지 않았는데도 투자심리에 따라 수요가 움직일 수 있다. 자산의 가격과 실제 가치 사이에 시장 참여자들의 심리가 마치 브로커처럼 끼어 있는 셈이다.

투자를 하는 누구나 아무 위험 없이 돈을 벌고 싶어 한다. 똑같은 보상이 예상된다면 되도록 위험 수준이 낮은 곳을 찾는다. 그래서 리스크가 낮고 수익이 확실한 곳에는 빠르게 사람들이 몰린다. 투자 매력도가 높은 곳에 사람이 몰리면 가격이 올라가고, 가격이 오르면 자연스럽게 투자 매력도는 떨어진다. 모든 자산의 투자 매력도가 비슷해지는 선에서 가격이 유지된다. 가격이 시시각각 변화하는 이유는 가치가 변동하기 때문이 아니다. 시장의 심리가 끊임없이 가격을 움직이기 때문이다.

자산의 가치는 가격에 직접적으로 반영되지 않는다. 가격에 직접적으로 반영되는 것은 오직 시장의 심리뿐이다. 실제 가치 변동을 포함한 경제 흐름, 정치 상황 등 다른 모든 변수는 시장의 심리를 통해 간접적으로 가격에 반영될 뿐이다. 그래서 '가격은 가치를 반영한다'는 말을 더 정확하게 바꾸면 '가격은 심리를 반영한다'라는 말로 표현할 수 있다. 더 나아가 '가격은 심리를 반영하고, 심리는 가치를 반영한다'고 말할 수 있다. 더 정확히는 '가격은 심리를 반영하고, 심리는 가치를 포함한 다른 모든 것을 반영한다'고 할 수 있다.

시장의 심리에 영향을 주는 변수는 굉장히 많기 때문에 하나의 변수만 가지고 가격을 예측할 수는 없다. 경제 흐름 같은 하나의 변수만 고려해서 투자 결정을 하다보면 반드시 손해를 본다. 특히 경기 동향에 밝은 투자자일수록 이런 오류에 많이 빠진다.

최근의 사례로 2020년에 하락장에서 수익을 내는 인버스 상품에

순위	상위 종목명	수익률	하위 종목명	수익률
1	TIGER 200 IT레버리지	108.9%	KODEX WTI원유선물(H)	-66.1%
2	KBSTAR 헬스케어	100.8%	ARIRANG 200선물인버스2X	-59.1%
3	KBSTAR 코스닥150선물레버리지	100.2%	KBSTAR 200선물인버스2X	-59.0%
4	HANARO 코스닥150선물레버리지	99.6%	KODEX 200선물인버스2X	-59.0%
5	KOSEF 코스닥150선물레버리지	98.8%	KOSEF 200선물인버스2X	-58.9%
6	KODEX 2차전지산업	98.5%	TIGER 200선물인버스2X	-58.1%
7	TIGER 코스닥150선물레버리지	96.7%	TIGER 원유선물Enhanced(H)	-49.4%
8	TIGER 2차전지테마	95.4%	ARIRANG 코스닥150선물인버스	-42.9%
9	KODEX 코스닥150선물레버리지	93.9%	KODEX 코스닥150선물인버스	-42.8%
10	KODEX 미국FANG플러스(H)	92.4%	KOSEF 코스닥150선물인버스	-42.5%

2020년 ETF시장 수익률 상하위 10종목 현황
출처: 한국거래소

투자한 이들이 있다. 2020년 초 코로나 확산으로 급격하게 폭락하기 시작한 증시는 3월 말 바닥을 찍은 이후 급격하게 상승했다. 애초에 주식이 떨어진 이유가 코로나 확산으로 인한 것이었기 때문에 많은 사람들은 코로나가 더 심하게 확산되면 증시가 다시 하락할 거라고 생각했다. 봉쇄 조치가 강화되면 경제는 더 악화될 텐데 증시가 상승하는 건 일시적인 비이성이라고 판단한 것이다. '지금 시장이 비이성적인데, 코로나가 이렇게 심해지는 걸 보면 내일이라도 바로 큰 하락이 올 거야. 그럼 난 인버스, 아니 두 배로 움직이는 곱버스(곱셈+인버스)를 사서 시장에 반대로 베팅해야지'라는 논리였다.

하지만 시장은 이들의 예상대로 흘러가지 않았다. 오히려 끝없는 상승 랠리에 가까웠다. 경제 상황은 점점 악화되는데 주식은 점점 오르고, 잠깐 증시가 출렁이면 드디어 2차 폭락이 오는 건가 싶다가도 증시는 다시 전고점을 갱신했다. 이런 흐름 속에서 많은 투자금을 까먹고 '분명히 시장이 틀렸다. 이런 흐름은 말도 안 된다'며 자포자기하는 사람들이 늘어났다. "시장은 당신이 돈을 다 잃기 충분할 정도로 오랫동안 비이성적으로 유지될 수 있다"는 경제학자 케인스*John Maynard Keynes*의 말이 유행하던 때였다.

정말 몇 달간의 상승 랠리 동안 이들만 제대로 시장을 읽고 있고 시장이 비이성적이었던 것일까? 나는 반은 맞지만 반은 틀렸다고 생각한다. 이들이 경제 상황을 제대로 읽은 것은 맞다. 유례없는 전 세계적인 봉쇄 조치로 경제 상황은 그야말로 최악이었다. 하지만 이런 경제 상황은 누가 봐도 읽을 수 있는 수준이었다. 아무리 시장이 비이성적이라도 눈에 뻔히 보이는 걸 몇 달 동안 보지 못하는 건 아니다. 뭔가 다른 이유가 있다는 뜻이다. 이들이 투자에 실패한 이유는 경제 상황'만' 읽었기 때문이다.

앞서 말한 대로 시장의 심리는 경제 상황에 영향을 받지만, 경제에만 영향을 받는 건 아니다. 시장 심리에 영향을 끼치는 다른 수많은 변수들이 있다. 이들이 과소평가한 변수는 돈이 풀리는 것, 즉 유동성이다. 애초에 2020년 3월 말에 증시가 다시 반등하기 시작한 이유는 유동성에 대한 우려가 해소되었기 때문이다. 미국은 코로나 확산이 얼마 지나지 않아 2008년 금융위기 때 처방했던 것보다 훨씬 더 많은 양의 돈을 시장에 뿌렸다.

시장은 자산의 수요와 공급도 있지만 돈의 수요와 공급에 따라서도 움직인다. 물가 상승과 비슷하게 돈이 많이 풀려 돈의 가치가 떨어지면 실제 가치가 그대로더라도 숫자로 표현되는 가격은 올라간다. 돈의 공급이 어마어마하게 풀리면 돈의 가치 역시 어마어마하게 떨어지면서 다른 변수들은 무시할 정도로 큰 영향력을 끼친다. 코로나가 2차로 대유행할 거라는 예측이 나오면 경제는 더 악화되겠지만 미국 연방준비제도(이하 연준)가 돈을 더 뿌릴 거라는 예측으로도 이어질 수 있다. 아이러니하게도 기업이 망하고 실업자가 늘어날수록 미국이 돈을 많이 풀 확률도 올라가고, 증시도 이에 따라 올라가는 것이다.

연준은 유동성 이슈를 가볍게 건드리지 않기 때문에 유동성이라는 변수는 평소에 고정되어 있는 경우가 많다. 그래서 이를 무시하고 경제 상황만 생각해 투자한 사람들이 많은 것이다. 하지만 연준이 실제로 돈을 풀고 있는 특수 상황에서는 유동성보다 시장 심리에 더 큰 영향을 끼치는 변수는 없다.

한 가지 기억할 것은 유동성을 포함한 어떤 변수든 시장의 심리에 온전히 반영되지 않는 경우가 굉장히 많다는 것이다. 가격은 절대 실제 영향력만큼만 딱 움직이지 않는다. 실제 영향력을 기준선으로 위아래로 흔들리며 움직인다고 보는 게 더 정확하다. 자산의 가치가 조금만 하락했더라도, 시장 심리는 언제나 과도하게 반응할 수 있다. 물론 반대의 경우도 가능하다. 자산의 가치가 조금만 올랐더라도 시장 심리는 언제나 과도한 매수세를 보일 수 있다. 블랙 먼데이처럼 자산의 가격이 급격한 변동을 보일 때는 시장 심리가 비이성적으로 얼어붙어 가격이 떨어지는 것인지, 실제로 가치 자체에 손상이 생긴 것인지 잘 판단해야 한다.

워런 버핏은 본인이 이해할 수 있는 분야에만 투자하고, 이해할 수 없는 것에는 투자하지 않는다고 말한다. 아는 것에 투자하라는 당연한 말 같지만, 더 구체적으로는 '끊임없는 가격 변동 사이에서 실제 유의미한 가치의 변동을 구별해낼 수 있는 능력'을 말하는 것이다. 어떤 분야에서 시장의 비이성을 읽어낼 수 있는 능력, 나아가 본인의 비이성을 읽어낼 수 있는 능력이 있다면 시장의 과민반응, 즉 가격과 가치 사이의 괴리에서 생기는 수익을 얻을 수 있다. 괴리가 크면 클수록 이게 좁혀졌을 때 얻을 수 있는 수익도 크다.

이를 통해 자산을 불리는 가장 쉬운 방법은 앞서 언급한 것과 비슷한 폭락장을 이용하는 것이다. 블랙 먼데이, 서브프라임 모기지 사태로 인한 2008년 금융위기, 코로나 봉쇄로 인한 2020년 대폭락 사태 등 비이성적인 공포가 극에 달하는 때에는 너나 할 것 없이 자산을 내다 판다. 그래서 실제 가치에 비해 가격이 과도하게 떨어지는 일이 많이 생긴다.

역사상 주식 시장이 가장 큰 수익률을 기록했던 때는 가장 큰 폭락이 있던 직후였다. 시장이 정신을 차리기 시작하면 비이성적으로 내려갔던 가격은 빠르게 다시 회복되기 때문이다. 시장의 공포가 사그라지기 전 가격이 과도하게 떨어지는 포인트를 잘 잡으면 큰 수익을 얻을 수 있다. 물론 이 저점을 정확히 잡아내는 것은 불가능하지만, 분할 매수를 통해 비슷한 효과를 줄 수는 있다. 이에 대한 자세한 설명은 '현금도 종목이다'의 글을 참고하자.

큰 투자처를 찾는 법

폭락장이 아니라 평소에 찾을 수 있는 괴리도 있다. 시장 참여자끼리 자산 가치에 대한 의견 차이가 큰 투자처를 찾는 것이다. 이런 괴리는 일시적인 비이성이라고 하기 어려울 정도로 오랫동안 이어지는 경우가 많다.

한 가지 예시는 '팬덤'을 이용한 투자다. 앞서 말했듯이 시장의 가격은 리스크를 감수하는 투자자들의 시각을 하나로 합한 지표다. 아무리 유망한 회사라고 해도 시장 참여자 대부분이 그 가치를 못 알아보고 있다면 그 회사는 저평가된 상태다. 어떤 회사를 시장의 시각과 다르게 터무니없이 높게 평가하는 열성팬들이 있다면, 그리고 그들의 생각이 맞다면, 그 회사는 굉장히 저평가된 상태라고 볼 수 있다. 물론 이런 회사들이 실제로 저평가되었는지는 본인의 판단이 필요하다. 다만 팬덤이 강한 기업들을 찾으면 공부해볼 만한 잠재적인 기회를 걸러낼 수 있다.

내가 처음에 테슬라와 비트코인, 이더리움에 투자했을 때는 주변의 시각이 상당히 차가웠다. 투자를 이어가는 와중에도 가격은 점점 떨어지고 시장의 믿음은 점점 약해졌다. 묵묵히 참으며 꾸준히 투자액을 늘려 평균 매입가를 낮추고 수익률 마이너스를 줄이는 데 집중했다.

당시 테슬라는 기업의 존폐 위기에 서 있는 것처럼 보였다. 전기차는 몇 년 동안 얘기만 나오지 실체는 별로 없는 정도였다. 테슬라를 공매도하는 투자자들도 굉장히 많았다. 하지만 특이한 것은 테슬라를 단순한 자동차 회사로 보지 않는 열성팬들이 굉장히 많았다는 사실이다. 그들은 애플이 컴퓨터 회사에서 개인 전자기기 회사로 진화했듯이 테슬라도 단순한 자동차 회사 그 이상이 될 것이라고 믿었다. 특히 전기차 분야가 확산되면 전기차에 특화된 테슬라가 빛을 발할 수 있다고 생각했다. 자동차계의 애플이 되는 것이다.

애플은 원래 컴퓨터만 판매하는 컴퓨터 회사였지만, 아이팟을 선보인 이후 세계 최대의 MP3 회사가 됐고, 아이폰으로 세계 최대의 휴대폰 회사가 됐으며, 애플 워치로 세계 최대의 시계 회사가 됐다. 또 에어팟으로 세계 최대의 이어폰 회사가 됐다. 그냥 세계 최대가 아니라 압도적인 세계 최대다. 2019년 한 해 동안 스위스 시계 산업 전체에서 2100만 개의 시계가 팔렸는데 애플 워치는 3100만 개가 팔렸다는 얘기는 이미 유명하다. 한 시장에서 1위를 차지하면 다른 시장으로 옮겨가 하나씩 차례차례 먹어버리면서 전 세계 기업 중 시가총액 1위에 올랐다. 애플의 브랜드 철학과 이미지를 소비하는 애플의 열성팬들이 고정 수요층이 되어주기 때문에 가능한 일이었다.

나 역시 비슷한 일이 일어날 수 있다고 봤다. 테슬라에는 애플의 스티브 잡스와 비슷한 일론 머스크라는 존재가 있고, 애플과 같은 종교적인 팬덤을 갖고 있다. 애플의 열성팬들과 테슬라의 열성팬들도 비슷한 점이 많았다. 테슬라가 나중에 전기자전거나 오토바이, 전동킥보드를 만들더라도 사람들은 이를 다 사줄 거라고 생각했다. 테슬라가 회사 이름을 '테슬라 모터스'에서 '테슬라'로 바꾼 것도 애플이 '애플 컴퓨터'에서 '애플'로 바꾼 것과 비슷하게 이러한 시장 확장을 염두에 둔 행보라고 생각했다.

반면 테슬라를 회의적인 시각으로 보는 사람들은 테슬라의 진짜 강점에 대한 이해가 부족해 보였다. 테슬라가 올해 자동차 생산량을 달성할 수 있을지 없을지에 대한 얘기만 많고 테슬라의 브랜드 파워와 잠재력에 대해 얘기하는 사람들은 거의 없었다.

나는 이번에는 테슬라 팬들의 말이 옳다고 생각했다. 전기차가 확실한 미래의 방향성이고, 전기차를 사야 한다면 테슬라를 사고 싶다는 생각이 들었다. 테슬라에 투자를 시작한 이후 자잘한 상승과 하락이 있었지만, 환경이 주요 이슈가 되고 바이든 정부가 들어서며 전기차는 뜬구름이 아닌 눈앞의 현실이 되었다. 전기차 분야에서 가장 앞선 테슬라의 비전을 대중들도 얘기하게 되면서 테슬라의 가격은 50~60달러대에서 800달러대까지 10배 이상 상승했다. 전기차 점유율에서도 압도적인 차이를 보여줬다. 테슬라의 가치를 바라보는 시장의 심리가 테슬라 열성팬들의 수준까지 따라온 것이다.

시장이 팬들만큼 열광하기 시작하면 팬덤을 이용한 투자의 끝이 다가왔다는 뜻이다. 나는 주당 860달러에 테슬라를 전부 매도하고 아직은 주목받지 못하고 있는 다른 회사를 발굴하는 중이다. 내가 테슬라를 매도할 때에는 많은 사람들이 의아해했지만 지금 시점에서 보면 결과적으로 좋은 선택이었다. 내가 매도한 이후 900달러 가격대까지도 넘본 테슬라는 더 이상 테슬라만의 기술을 보여주지 못하고 2021년 5월 500달러대 가격으로 떨어졌다. 시장이 테슬라에 열광하는 사이 기존 자동차 시장의 강자들이 빠르게 신형 전기차 모델을 내놓았기 때문이다. 국제투자은행 크레딧스위스의 분석 보고서에 따르면 테슬라의 전기차 시장 점유율은 3월 29%에서 4월 11%로 급락했다. 여기서 더 혁신적인 미래의 그림을 내놓지 않으면 테슬라가 다시 예전만큼 압도적인 시가총액을 보여주는 일은 없을 것이다.

자산 가치에 대한 의견 차이가 큰 것은 비트코인도 비슷하다. 나는 2017년 말에 비트코인을 처음 접했다. 직장에서 막 합격 통보를 받고 연수원을 다니던 시절이었다. 주변에 온통 비트코인 기사뿐이었고, 투자하는 사람도 많았다. 그때는 제대로 투자하던 때가 아니었기 때문에 큰 관심을 두지 않았다.

2018년 초 본격적으로 투자를 공부하기 시작하면서 비트코인에 대해서도 알아보기 시작했다. 이미 가격은 폭락해 비트코인은 망했다는 얘기가 돌던 시기였지만, 뭐가 대단하기에 이렇게 투자한 사람들이 많았는지 궁금했다. 주변에 비트코인에 대해서 물어보니 비트코인에 대해 제대로 공부하고 제대로 아는 사람은 한 명도 없었다. 오히려 반사적으로 혐오에 가까운 거부반응이 대부분이었다. 비트코인에 대해 공부하고 투자에 대해 공부할수록 기회가 있다는 생각이 들었다. 비트코인 '버블'이 붕괴된 이후, 시장이 비트코인에 대한 리스크 판단을 정확히 하기는커녕 거부하고 있었기 때문이다.

"비트코인, 이렇게 끝나는구나" - 포브스, 2011(당시 가격 $0.25)
"비트코인은 실패할 운명" - 뉴욕 타임스, 2013(당시 가격 $955)
"비트코인 몰락의 길 걷나" - 한국경제신문, 2014(당시 가격 $517)
"잿더미로 향하는 비트코인" - USA투데이 USA Today, 2015(당시 가격 $208)
"삼가 코인의 명복을 빕니다" - 워싱턴 포스트, 2016(당시 가격 $382)
"비트코인 버블 이렇게 터진다" - CNBC, 2017(당시 가격, $4,223)
"비트코인 '신기루' 걷히나" - 경향신문, 2018(당시 가격 $7,938)
"블록체인은 망가졌다" - 포브스, 2019(당시 가격 $5,214)
"비트코인은 거대한 버블이다" - 블룸버그, 2020(당시 가격 $22,805)
"비트코인 0원 간다" - 기즈모도, 2021(당시 가격 $30,817)

비트코인 정보 사이트 99Bitcoins.com이 운영하는 비트코인 부고 기사*Bitcoin Obituaries* 페이지를 보면 비트코인은 언론으로부터 총 426회의 사망 선고를 받았다고 기록하고 있다. 비트코인이 2009년 처음 등장한 이래 약 12년 동안 연평균 35건의 사망 선고를 받은 셈이다.

버블이라는 뉴스가 나온다면

투자에서 버블만큼 많이 남용되는 단어는 없다. 버블이라는 단어는 자산의 가격이 그 본래 가치에 비해 지나치게 올랐고, 곧 가격이 폭락할 거라고(즉, 버블이 터질 거라고) 예측할 때 쓰는 용어다. 사람들은 자산의 가격이 급격히 오르는 이유를 본인이 납득하지 못하면 일단 버블을 의심하고 본다. 본인이 생각하는 가치와 시장가격 사이에 너무 큰 차이가 날 때 이를 가장 편리하게 설명할 수 있는 수단이기 때문이다. 하지만 뭔가의 가격이 엄청나게 오른다면, 눈에 잘 보이진 않지만 어느 정도 실질적인 이유가 있는 경우가 많다. 생각보다 시장은 만만하지 않기 때문이다.

역대 버블 중 가장 유명한 것은 닷컴 버블이다. 닷컴 버블은 인터넷이 본격적으로 확산되며 인터넷을 결합한 새로운 사업모델이 우후죽순 나오던 시기에 형성됐다. 어떤 회사든 이름에 '닷컴*.com*'을 붙이면, 주식 가격이 치솟는다고 해서 닷컴 버블이라는 이름이 붙었다. 수많은 회사들이 미지의 공간인 인터넷을 내세워 장밋빛 미래를 약속했고 가장 허술한 회사조차 반년도 안 돼서 가격이 10배 이상 상승했다. 이런 묻지마 투자 분위기는 당연히 사기꾼들의 좋은 먹잇감이 되었고, '닷컴' 회사들 중 99%는 닷컴 버블이 붕괴된 후 얼마 지나지 않아 사라졌다.

과거 버블들의 사례를 보고 배울 수 있는 한 가지는, 버블은 자산 가치의 유무보다는 당시의 투기적 시장 심리에 따라 생기고, 보통 당대에 가장 유망하거나 가장 안전한 분야에 생긴다는 것이다. 그중에서도 가장 유망한 자산은 버블이 붕괴된 후에도 꾸준히 성장한다.

인터넷 혁명의 열풍은 종말을 맞이한 것처럼 보였지만, 그 이후 인터넷은 꾸준히 발전하며 정말로 생활의 혁명을 이뤄냈다. 인터넷 기술에 진지하게 접근하는 제대로 된 기술 회사들이 나타나기 시작했고, 아마존, 퀄컴, 야후처럼 닷컴 버블을 거치고도 살아남은 회사들도 있다. 퀄컴은 1999년 한 해 동안 2600%가 올랐다가 폭락해 2019년이 돼서야 20년 전에 찍었던 가격을 회복했다. 가격 흐름만 보면 주식 사기와 같아 보이지만 여전히 무선통신 분야의 강자다.

2004년 시작한 페이스북 역시 설립 이래 초고속 성장을 하면서

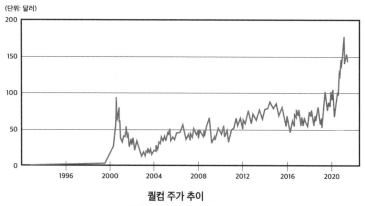

퀄컴 주가 추이

출처: Google Finance 참고

2010년부터 SNS 버블이라는 소리를 들어왔지만, 그 이후에 10년 동안이나 더 급성장을 이어오면서 10배 이상 성장했다. 부동산 버블도 붕괴되었지만 어느새 가격이 버블의 최고점보다 훨씬 올라갔다.

현재 가상자산 시장에서도 닷컴 버블과 비슷한 양상이 계속 반복되고 있다. 비트코인의 가격은 2013년 즈음 1만 원에서 30만 원 정도까지 30배 이상 오르며 버블이 형성됐다가 2014년 붕괴됐고, 2017년 즈음에는 비트코인 가격이 100만 원에서 2000만 원 이상까지 오르며 버블이 형성됐다가 2018년 붕괴됐다. 2021년 4월 비트코인 가격은 1000만 원대에서 8000만 원까지 올랐다. 비트코인과 이더리움 등 주요 가상자산 가격이 상승하면 이를 따라 이름에 '코인' 혹은 '토큰'만 붙인 가상자산들이 나타나 가격이 천정부지로 치솟았다가 조용히 사라지길 반복하고 있다.

2009년 처음 시작된 비트코인 역시 시작부터 버블이라는 뉴스를 들어왔지만 12년째 성장을 멈추지 않고 있다. 12년 동안 한 번도 연중 최저 가격이 전년보다 떨어진 적이 없을 정도다. 이외에 구글, 아마존, 애플 등과 같이 빠른 기간 안에 큰 성장을 이룬 기업들은 모두 버블 소리를 수없이 들었다.

그래서 나는 뭔가가 버블이라는 뉴스가 나온다면 무조건 자세히 들여다봐야 한다고 생각한다. 시장 참여자끼리 자산 가치에 대한 의견 차이가 가장 큰 곳이 버블이다. 버블이 생겼다는 건 가격과 가치의 괴리, 즉 수익의 기회가 있다는 신호일 수도 있다. 버블에 무조건 올라타라는 말이 아니다. 버블이 생겼거나 붕괴됐다는 이유로 무조건 거부하지 말고, 피할 거면 알고 피하라는 말이다. 단순히 버블 소리를 듣는다고 무시하지 말자. 그게 미래의 구글, 페이스북, 애플, 비트코인일 수도 있기 때문이다.

버블의 형성 과정을 가장 잘 나타내는 것은 1600년대의 튤립 버블이다. 튤립 버블이 형성된 당시 네덜란드는 무역으로 호황을 누리고 있었지만, 캘빈주의Calvinism를 지키고 있었기 때문에 부유함을 자랑하는 걸 거의 금지하다시피 했다. 하지만 딱 한 가지 예외가 있었는데 바로 자연과 관련된 것이었다. 자연은 신의 선물이라는 생각이 있었기 때문이다.

자연스럽게 자연과 관련된 수단으로 부를 과시하기 시작했는데, 가장 대표적인 것이 그즈음 새로 들어온 튤립이었다. 튤립은 색깔이 화려하고 다양한 것도 있었지만, 결정적으로 당시 튤립의 색을 변하게 하는 바이러스가 퍼져 튤립에 줄무늬가 생기거나 두 가지 색깔이 같이 나타나는 일이 생겼다. 바이러스에 걸려 희귀한 색깔로 피어난 튤립은 남들과 다르게 부를 과시하고자 하는 부자들에게 굉장히 높은 값에 팔렸다. 희귀한 튤립을 정원에 많이 갖고 있으면 유명한 화가의 예술 작품을 갖고 있는 것과 같았다. 희귀한 튤립을 구하려는 사람들은 점점 많아졌지만, 이때까지만 해도 버블이라고 부를 정도는 아니었다.

버블은 튤립이 아니라 튤립 알뿌리에 생기기 시작했다. 튤립 꽃은 튤립 알뿌리에서 나는데, 이 튤립 알뿌리는 겨울에 파서 보관했다가 봄에 다시 심어 재배할 수 있다. 중요한 건 튤립 알뿌리를 심을 때는 어떤 색깔의 꽃이 필지 100% 정확하게 예측할 수 없다는 것이었다. 그래서 사람들은 희귀한 튤립을 구하기 위해 튤립 뽑기를 하기 시작했다. 로또를 긁듯이 알뿌리를 사서 심은 다음 희귀한 튤립이 나길 바라는 것이었다.

게다가 알뿌리를 파는 시점과 그걸 심어서 튤립이 자라는 시점 사이에는 시간 차이가 있었기 때문에 대부분의 거래가 선물 거래 형식으로 이뤄졌다. 겨울에 돈을 지급하면 내년 봄에 튤립 몇 개를 주는 식이다. 튤립이 아니라 옵션 권리가 거래되기 시작하자 튤립을 원해서 거래하는 부자들뿐만 아니라 가난한 사람들까지 돈과 이득만 보고 튤립 시장에 뛰어들었다.

과열은 순식간이었다. 1620년대부터 꾸준히 오르던 가격은 1636년 겨울과 1637년 봄 사이에 절정을 찍으면서 1년 사이에 가격이 10배 가까이 뛰었다가 다시 1/10 수준으로 폭락했다. 투자에 실패한 소시민들에게 남은 것은 자신들에게 큰 필요가 없는 튤립 알뿌리뿐이었다. 급기야 네덜란드 정부는 1636년 11월 이전의 계약을 모두 무효로 하는 대책을 내놓았다.

버블의 중요 포인트는 자산에 버블이 생겼다고 그 자산이 가치가 없는 것은 아니라는 것이다. 튤립 버블 역시 여느 버블과 마찬가지로 자산 가치가 컸기 때문에 생겼다. 오늘날에는 튤립이 큰 가치가 없지만, 당시에는 미술품과 같이 큰 가치가 있었다. 부자들이 원하는 희귀한 튤립은 버블 붕괴 이후에도 계속 높은 가격을 유지했다.

단지 사람들이 자산에 투자할 때 자산 자체를 원해서가 아니라 다른 사람에게 더 비싸게 팔기 위해, 즉 투기적인 심리로 접근하기 시작하면 버블이 생긴다. 구체적으로는 자산의 가치 판단을 제대로 할 수 없는 사람들이 포모 현상에 빠져 시장에 뛰어들 때 주로 생긴다. 튤립의 가치를 몰랐던 서민들이 튤립 선물 거래에 뛰어들었던 일이나 인터넷, 가상자산 등 신기술에 익숙지 않은 일반인들이 투기에 뛰어드는 일이 여기에 해당한다. 자산 자체의 가치가 아니라 오로지 투기 심리만을 원동력으로 상승하는 가격은 더 비싼 가격에 사가려는 사람이 없어지는 순간 폭락하게 된다.

버블의 위험도를 판단하는 법

그럼 버블이 언제 터질지를 어떻게 판단할 수 있을까? 내가 버블의 위험도를 판단하는 방법은 시장에 들어온 자금의 성격을 가늠해보는 것이다. 시장에 오래 남아 있을 자금이 많으면 안정적이고, 시장에서 금방 이탈할 자금이 많으면 하락에 취약하다.

예를 들어 투자와는 담을 쌓던 사람들이 주택자금을 동원해 투자하는 건 오래 유지될 수 없는 투자 수요다. 갑자기 투자에 대해 전혀 모르던 사람들까지 5년간 모은 적금을 깨 투자에 뛰어들기 시작한다면 시장의 위험도가 점점 올라가고 있다는 지표다. 지속 가능한 투자금보다 지속 불가능한 투자금의 비중이 높아지면 시장은 하락에 점점 예민해지고, 작은 하락 촉발제에도 출렁이기 시작한다.

자산의 실제 가치와는 크게 상관없는 뉴스도 자산의 가격에 큰 영향을 준다. 자산의 가치보다는 시장의 분위기를 따라 들어온 자금이 많기 때문이다. 시장이 점점 예민해지는 와중에 어떤 촉발제나 계기가 생긴다면 가격은 한순간에 폭락할 수 있다. 어떤 일이 트리거(촉발제)가 될 지는 아무도 모르기 때문에 이 방법도 버블이 터지는 순간을 정확히 맞출 수는 없다. 분명히 터지는 것 같다가 더 부풀 수도 있고, 아직은 안 터질 줄 알았는데 터져버릴 수도 있고, 영영 터지지 않을 수도 있다. 현재진행형으로는 누구도 100% 확신을 갖고 지금이 버블이다 아니다를 얘기할 수 없다. 진짜 버블이었는지 아닌지는 오랜 시간이 지나고 나서야 알 수 있다. 한 가지 확실한 건, 모르는 것보다는 스스로 안다고 확신하는 것이 더 위험하다는 것이다.

폭락이 지나고 투기 자금이 모두 빠져나간 뒤에는 그 자산의 실제 가치에 달렸다. 인터넷과 같이 새로운 가치를 제공하며 성장하는 자산이라면 장기투자자들이 늘어나면서 다시 슬금슬금 가격이 오를 것이다. 오히려 버블 붕괴 후 공포가 만연해 있을 때가 가장 투자하기 좋은 시기일 수 있다. 뒤돌아보면 부동산, IT기업, 가상자산 모두 버블이 붕괴한 직후가 가장 좋은 투자 타이밍이었다.

투자에서 좋은 결과를 얻으려면 사람들의 심리를 따라가선 안 된다. 사람들의 심리가 무엇을 뜻하는지, 그 심리 이면에 무엇이 있는지 파악하는 게 중요하다. 모든 사람들이 열광하고 있는 자산이 있다면 약간의 경계심을 가진 채로 조심스럽게 다가가고, 모든 사람들이 거부하는 자산이 있다면 너그러운 마음으로 자세히 살펴보는 게 좋다.

[포트폴리오]
현금도 종목이다

폭락을 예측하거나 피하려다가 놓치는 수익이
폭락 자체에서 잃는 돈보다 더 많다.
_피터 린치

2020년 3월, 코로나로 인한 자산 가치 대폭락 사태가 전 세계를 덮
쳤다. 기회를 직감한 사람들은 많았지만, 모두가 돈을 벌 수 있었던
것은 아니다. 투자를 조금이라도 공부한 사람이라면 공포 가득한
비이성적인 폭락장일수록 매수를 해야 한다는 걸 알고 있었을 것이
다. 분명히 머리로는 아는데 본인의 공포를 뛰어넘지 못해 기회를
놓친 사람도 있고, 공포를 이겨냈는데도 크게 투자하지 못한 사람
도 있다. 현금이 없어서 사고 싶어도 살 수가 없었기 때문이다. 위기
속에 기회가 있다는 말을 하지만, 기회를 잡을 준비가 되지 않은 사

람에게 위기는 그냥 위기다.

내가 투자를 해오면서 가장 많이 했던 실수도 현금을 남겨놓지 않고 투자자금을 전부 써버린 일이다. 일시적으로 주가가 폭락하는 저가 매수 기회는 항상 기다리고 있는데 막상 실제로 폭락이 왔을 땐 현금이 없어 손가락만 빨고 있었던 경우가 많다. 특히 2019년에 가장 많은 기회를 놓쳤다. 그해에는 미중 무역분쟁 때문에 증시에 크고 작은 폭락이 여러 번 있었다. 8월에는 코스닥에 사이드카가 발동될 정도였다. 미중 무역분쟁은 몇 번이나 달아올랐다 식었다를 반복했기 때문에 그럴 때마다 일시적으로 가격이 떨어지는 좋은 매수 기회였다. 그때 다니던 회사에서 매달 월급을 받기도 하고 연초에는 첫 성과급을 받아 1000만 원 정도의 목돈이 생기기도 했는데 이상하게 폭락이 올 때마다 현금이 없었다. 현금을 보유하는 건 투자가 아니라는 생각에 갇혀 있었기 때문이다.

막상 1000만 원을 투자하겠다고 결심하고 나니, 1000만 원 중 조금이라도 현금으로 남겨두면 아깝게 돈을 썩히는 것 같고 빨리 뭐라도 사야 될 것 같아 불안했다. 가진 현금을 모조리 투자해 예수금 계좌 잔고가 0원이 된 후에야 투자를 제대로 했다는 생각이 들면서 흐뭇했다. 여유 현금이 없는 상태에서 꽤나 큰 하락을 맞으며 매수 기회를 몇 번이나 더 놓친 후에야 현금 비중의 중요성을 깨달았다.

요즘 투자자들에게 현금은 쓰레기 취급을 받는다. 현금 가치가 끊임없이 하락하는 요즘 현금만 들고 있는 사람은 '벼락거지'가 되기 때문이다. 하지만 그게 현금이 절대 손대면 안 되는 불가촉 자산이라는 뜻은 아니다. 오히려 현금은 투자자에게 가장 중요한 자산이다. 저축만 하면 천천히 가난해진다더니 이건 또 무슨 말인가 싶을 것이다. 현금만 가지고 있으면 천천히 가난해진다는 말은 현금이 열등하다는 뜻이 아니다. 아무 생각 없이 현금에만 몰빵하는 투자가 위험한 것이지 현금을 어느 정도 갖고 있는 건 오히려 필수사항이다. 세상의 모든 자산과 교환할 수 있는 가장 유동적인 자산이기 때문이다.

현금을 갖고 있지 않으면 시장 상황의 변동, 특히 자산 가치의 하락에 대응할 수 없어진다. 주식은 쌀 때 사서 비쌀 때 팔라는 말이 있듯이, 돈을 버는 가장 쉬운 방법은 싸게 사는 것이다. 주식을 싸게 살 수 있는 가장 쉬운 방법은 모두가 무서워하는 폭락을 활용하는 것이다. 전투 중에 총알이 떨어지면 안 되듯이, 투자에서 가장 피해야 하는 게 여유 현금이 다 떨어지는 일이다. 항상 어느 정도의 현금은 쥐고 있어야 하고, 특히 자산 가치가 하락하는 폭락장에서는 절대 현금이 떨어지지 않도록 신경 써야 한다.

현금을 하나의 주식 종목처럼 생각해보자. 대부분의 주식 가격이 떨어지는 대폭락 사태는 현금이라는 종목 혼자만 가격이 치솟는 것과 같다. 시장에서 제일 매력적인 종목이 되는 것이다. 코로나 사태가 터졌을 때 1500명이 참여한 제6회 이베스트투자증권 2030 주식 모의투자대회에서 참가만 하고 아무런 투자도 하지 않았던 사람이 50위를 차지하는 해프닝이 있었다. 이외에도 당시 여러 모의투자 대회에서 비슷한 일이 벌어졌다. 폭락장에서는 아이러니하게도 현금만 100% 갖고 있는 사람의 수익률이 좋다.

물론 그런 하락은 항상 오는 게 아니다. 일반적인 폭락은 1년에 한두 번, 코로나 사태와 같은 대폭락은 10년에 한두 번 온다. 하락만 생각한다면 현금을 많이 갖고 있는 게 좋겠지만, 평소 수익률을 생각하면 현금만 계속 쥐고 있을 수는 없다.

그러면 현금을 안 갖고 있다가 폭락이 오기 직전 타이밍을 잡아 현금을 늘리면 되지 않을까? 실제로 이런 시도를 하는 사람들이 많다. 하지만 효과를 보는 사람은 거의 없다. 폭락의 타이밍은 아무도 정확히 잡을 수 없기 때문이다. 실제 폭락이 오기 전까지는 아무도 이게 폭락인지 아닌지 알 수 없다. 갑자기 시장이 5% 하락했다고 했을 때, 아무도 이게 5%선까지만 하락하고 반등할지 아니면 10% 더 떨어질지 모른다. 폭락이 임박했다고 생각해 급히 현금화를 했다가 가격이 올라버리는 일이 많다. 본인이 잘못 예측했다는 걸 깨달은 후에 다시 사려고 하면 이미 가격이 올라 내가 판 가격보다 비싸게 살 수밖에 없다. 피터 린치의 말처럼 폭락을 예측하려다 수익만 놓칠 수 있기 때문에 주의해야 한다.

포트폴리오의 일정한 비중을
현금으로 유지하라

내가 사용하는 가장 속 편한 방법은 항상 일정량의 현금을 갖고 있는 것이다. 수익률을 어느 정도 포기하는 대신 하락에 대한 대응력을 갖추는 것이다. 폭락장에 투자해 돈을 많이 번 사람들을 운이 좋았다고 깎아내리는 사람들이 많지만, 이는 단순히 운만으로 할 수 있는 게 아니다. 하락 기회를 지속적으로 잡으려면, 가치와 가격의 괴리를 이해하고 언제든지 현금을 동원할 수 있는 구조를 갖춰야 한다.

나는 포트폴리오의 일정한 비중을 현금으로 항상 유지한다. 보통 10% 정도를 유지하지만, 상황에 따라 20~30%까지 늘리기도 하고 5% 이하로 줄이기도 한다. 꼭 나와 똑같이 비중을 맞출 필요는 없고 본인의 투자 성향과 기호에 따라 마음대로 하면 된다. 현금의 비중이 높을수록 그만큼 수익률을 포기하게 되지만, 하락에 대한 대응력이 높아진다. 조금 공격적으로 운영한다면 10% 이하, 안정지향적으로 운영한다면 30% 이상 갖고 있어도 좋다. 대출을 아직 받지 않아 레버리지 여력이 있다면 이걸 현금 여력으로 생각해도 된다.

자산 가격 변동에 따라 현금의 비중이 크게 바뀌는 경우도 있다. 그럴 경우엔 매수와 매도를 통해 비중을 맞춰주면 된다. 자산 5억 원 중 4억 원을 주식에 투자하고 20%인 1억 원을 현금으로 갖고 있었다고 해보자. 이 상태에서 주식 가격이 크게 올라 4억 원에서 9억 원이 됐다면, 현금은 여전히 1억 원이지만 비중은 20%에서 10%로 낮아진다. 이 경우 주식을 1억 팔아서 주식 8억, 현금 2억으로 만들면 다시 20%가 맞춰진다. 반대로 주식이 4억에서 2억으로 반토막이 났다면, 현금 비중이 33%까지 올라가니까 이 현금으로 주식을 더 사면 20%를 맞출 수 있다. 자연스럽게 자산을 쌀 때 사서 비쌀 때 팔 수 있게 된다.

평소에 현금 비중을 유지하는 건 크게 어렵지 않다. 현금 비중을 유지하기 어려운 건 큰 폭락이 왔을 때다. 폭락을 기다리다 보면 실제 폭락을 마주했을 때 너무 반가운 나머지 모아뒀던 현금을 모조리 투자해버리는 경우가 있다. 하지만 폭락의 기회를 제대로 잡기 위해선 폭락을 겪는 와중에도 현금 비중을 유지하려고 노력해야 한다. 오히려 폭락일수록 현금을 아껴서 신중히 투자해야 한다.

2020년 3월 코로나 대폭락 때 기회를 잡기 위해 뛰어든 대부분의 사람들이 저점을 잡지 못한 이유는 저점까지 도달했을 때 수중에 현금이 없었기 때문이다. 코스피 2000까지는 절대 깨지지 않을 거라고 생각한 사람들은 코스피 2000이 붕괴되었을 때 수중에 있는 현금을 모조리 주식에 투자했다. 1950을 지나 1900까지 떨어졌을 때는 빚까지 끌어모아 투자를 했다. 하지만 코스피는 1800,

1700, 1600을 지나 1400대까지 순식간에 떨어졌다. 코스피 2000과 1900대에 이미 현금을 다 써버린 사람들은 손가락을 빨면서 지켜볼 수밖에 없었다.

이들이 안 좋은 투자를 한 것은 아니다. 결국 코스피가 원래대로 2500 이상을 회복한다면 괜찮은 수익을 낼 수 있으니까. 하지만 더 좋은 선택을 할 수도 있었다. 1400대, 1500대까지 현금을 남겨뒀더라면 1900대, 2000대에 사는 것보다 훨씬 큰 수익을 낼 수도 있었다.

이들이 이런 판단을 한 원인은 본인이 저점을 잡을 수 있다고 생각했기 때문이다. 아무리 생각해도 코스피 2000이 저점일 것 같으니 현금을 남겨두기가 아까웠던 것이다. 저점을 확신하는 사람에겐 현금을 남겨두는 게 눈앞의 수익을 놓치는 것처럼 느껴진다. 욕심 때문에 원칙을 깨는 유혹에 빠진다.

애초에 항상 현금 여력을 갖고 있다는 원칙이 없었을 수도 있다. 폭락이 어디까지 이어질지는 아무도 맞출 수 없다. 워런 버핏도 손정의도 전 세계 투자자들이 첨예하게 엮인 시장의 심리를 정확히 알기란 불가능하다. 남들보다 조금 나은 사람은 있어도, 완벽하게 저점을 읽어내는 사람은 지구상에 존재하지 않는다. 여기가 바닥인 줄 알았는데 밑에 지하가 있고, 이 이상은 떨어질 리가 없다고 생각했는데 훨씬 더 떨어지는 경우가 흔하다. 시장은 인간의 심리에 따라 비이성적으로 움직이기 때문이다.

맞출 수 없는 타이밍을 맞춰야 할 때

투자는 내가 예측할 수 없고 컨트롤할 수 없는 부분은 최소화하고, 내가 어느 정도 예측할 수 있는 부분에서 승부를 거는 것이 좋다. 시장의 매수와 매도 타이밍을 정확히 잡는 건 불가능한 일이기 때문에, 그런 타이밍의 영향 역시 최소화하려는 노력이 필요하다. 매수나 매도를 하나의 타이밍에 몰아서 하게 되면 최악의 타이밍을 잡게 될 수도 있고, 운 좋게 나타나는 기회도 놓칠 가능성이 높다. 여러 번에 걸쳐 나누어 매수와 매도를 실행하면 타이밍의 요소를 분산시켜 영향을 최소화할 수 있다.

맞출 수 없는 타이밍을 맞춰야 할 때는 적립식 분할 매수*Dollar Cost Averaging, DCA*라고 부르는 시간의 분산 투자 전략을 사용하는 것이 좋다. 현금을 최대한 아끼면서 조금씩 천천히 투자하는 전략이다. 바닥을 알 수 없는 하락장이나 본인의 연소득보다 큰 대규모 자산을 투자할 때 특히 유용하다.

나는 현금을 아끼는 분할 매수를 통해 2020년 3월 코로나 대폭락의 저점을 잡을 수 있었다. 저점에 모든 투자금을 넣을 수는 없었지만, 저점에서 상당한 비중의 투자금을 넣었다. 저점인 것을 알고 투자한 것은 아니다. 떨어질 때마다 계속 투자를 하다 보니 저점까지 투자를 하게 된 것뿐이었다.

나는 원래 어느 정도 현금 비중을 유지하고 있었지만, 당시에는 평소와 조금 다른 전략을 사용했다. 처음으로 대출금을 동원해 투자를 했기 때문이다. 그동안 나는 대출 없이 오로지 내 돈으로만 투자를 하고 있었다. 대출을 사용할 만한 기회를 만나지 못했기 때문이다. 혹시나 대출로 집을 살 일이 생길까봐 마이너스통장만 만들어 놓고 사용은 안 하고 있었다.

코로나로 인한 폭락으로 전 세계적으로 모든 자산의 가치가 유례없는 폭락을 하고 있었고 절대 깨지지 않을 것 같던 코스피도 2000선이 무너졌다. 10년에 한 번 올까 말까한 기회가 온 것이었다.

2020년 3월 인스타그램 스토리 게시물

여기서 더 떨어지면, 아니 이 정도까지만 되어도 대출을 모두 동원해 투자를 해도 실패하지 않겠다는 판단이 들어 마이너스통장을 이용해 떨어지는 주식들을 매수하기 시작했다.

엄청나게 무서웠다. 태어나서 처음 보는 곡소리 나는 시장에 처음 해보는 대출까지 동원해 투자하려고 하고 있었다. 하락 전에 투자했던 자산들은 벌써 수익률이 마이너스로 바뀌어 처참한 수준까지 떨어졌다. 이게 과연 맞는 일인지 끊임없이 되물었다. 감정은 경험해보지 못한 공포인데 머리엔 지금껏 투자하며 느껴보지 못한 강한 확신이 들었다. 확신이 없었다면 절대 할 수 없었을 일이다.

2007년 서브프라임 모기지 사태와 2008년 금융위기 때의 신문 1면도 인터넷으로 전부 찾아보면서 비슷한 일이 있었을 때 시장이 어떻게 움직일지 공부했다. 추락하는 증시를 가만히 놔둘 수 없는 정부가 언젠가는 개입을 통해 멈출 것 같았다. 일단 하락이 멈추고 나면 무섭게 떨어진 만큼 무서운 반등을 보여줄 것이었다. 혹시 모를 상황을 위해 절대 망하지 않을 우량주들을 중심으로 담았다.

투자를 집행할 때는 앞서 말했듯이 투자금을 한 번에 넣어버리는 실수를 하지 않도록 조심했다. 일단 투자를 시작하고 나니 하락에 대한 두려움보다 욕심이 커지기 시작했다. 투자를 시작한 이래 처음 보는 저렴한 가격이 자꾸 보이니 돈을 계속 더 넣고 싶어졌다. 폭락장에서 가장 피해야 할 것은 현금이 다 떨어지는 것이라고 되뇌며 현금이 절대 동나지 않도록 계산해가며 투자했다.

현금 비중에 따라 분할 매수한다는 전략 방향 자체는 그대로 따랐지만, 대출금으로 투자를 하는 만큼 조금 더 보수적으로 접근했다. 코스피가 1000까지 떨어져도 현금이 동나지 않도록 기존보다 더 천천히 매수를 했다. 코스피가 1000이 될 때까지 나누어 사면 못해도 평균이 1500대는 될 것이었다.

여기서 똑같이 나누어 사는 게 아니라 초반에는 투자를 조금씩만 하다가 점점 비중을 늘려가기로 했다. 코스피가 떨어지면 떨어질수록 실패하는 투자가 될 확률은 적어지고, 머리부터 발끝까지 사더라도 점점 비중을 늘려가면서 사면 평균을 배꼽이 아니라 무릎쯤에서 형성할 수 있기 때문이다. 코스피가 1900까지 폭락하면 투자금의 5%, 1800이 깨지면 조금 더, 1700이 깨지면 조금 더 넣는 식으로 투자했다.

처음 코스피가 2000이 깨졌을 때는 거래되는 매물도 많고 호가창의 밀도도 높았기 때문에 주가가 하루에 20포인트, 30포인트 정도씩 하락을 했는데, 나중에 1700, 1600 정도가 되어서는 매물이 없어서 거래량도 적었고, 일단 거래가 되면 가격이 훅훅 떨어졌다. 하루에 100포인트 넘게 떨어지는 기현상이 벌어지기도 했다.

코스피 2000이 안전한 바닥이라고 예상했던 전문가들도 다 말을 바꿔 코스피가 1000 아래로 내려갈 수도 있다는 의견을 내놓기 시작했다. 그들도 정확한 근거가 있어서 하는 말은 아니었다. 모든 예측을 다 빗나가게 할 정도의 큰 폭락이었기 때문에 그만큼 예측이 무의미하다는 뜻이었다. 말 그대로 극한의 공포였다.

2020년 4월 인스타그램 스토리 게시물

반등은 생각보다 빨리 왔다. 코스피가 1600에서 하루 만에 1400대 중반으로 떨어진 후 한국과 미국이 통화스와프*currency swaps* 계약을 체결했다는 소식이 전해졌다. 그날부터 시장은 방향을 바꿔 일제히 상승세를 보이기 시작했다. 4월 한 달간 수익률은 50.6%, 당시 내 최고기록인 7000만 원의 순이익을 올렸다. 내가 욕심을 내서

-30% 정도의 폭락에 가진 돈을 전부 몰빵했다면 -50%의 폭락 기회를 놓쳤을 것이다. 욕심을 버리고 원칙에 따라 투자한 덕에 더 큰 수익을 얻을 수 있었다.

투자시장은 기본적으로 상승장일 때가 더 많다. 현금의 가치는 꾸준히 하락함에 따라 자산 가치는 꾸준히 상승하기 때문이다. 그래서 언제나 현금보다는 자산에 비중을 많이 싣는 것이 좋다. 하지만 그렇다고 자산 100%로 포트폴리오를 운영하면 하락장에서 오는 가장 좋은 기회들을 놓치기 쉽다. 현금 역시 하나의 주식이라고 생각하고 적당한 비중을 유지하면 이따금씩 시장의 자산 가격이 일제히 하락하는 좋은 기회를 놓치지 않을 수 있을 것이다.

[포트폴리오]

돈 벌려면 집중하고,
지키려면 분산하라

광범위한 분산 투자는
본인이 뭘 하고 있는지 모를 때나 필요하다.
_워런 버핏

투자를 안 하고 있는 사람과 몰빵 투자자. 이 두 표현을 보고 뭐가
더 위험해 보이는지 생각해보자. 많은 경우에 몰빵 투자자가 더 위
험한 것 아니냐고 할 것이다. 하지만 실제로는 그렇지 않다. 사실 투
자를 안 하는 사람도 몰빵 투자자다. 전 재산을 대한민국 원화에 몰
빵하고 있어서 투자를 안 하고 있다고 착각할 뿐이다. 반대로 영혼
까지 끌어모아 대출로 집을 산 사람은 대한민국 원화에 역逆베팅해
부동산에 몰빵 투자를 한 케이스이다. 투자를 안 한 사람, '영끌'해
서 집을 산 사람, 비트코인에 몰빵한 사람 모두 같은 몰빵 투자자지

만 왠지 몰빵이라는 단어를 떠올리게 되는 이미지는 맨 마지막 사람이다. 무의식적으로 몰빵과 위험을 연결해 생각하는 경향이 있기 때문이다.

앞서 시간의 분산 투자는 시장상황 변동에 대한 대응력을 만들어주는 필수적인 전략이라고 소개했다. 하지만 우리가 보통 '분산 투자'라는 단어를 들었을 때 떠올리는 의미는 시간이 아니라 자산의 분산 투자다.

자산의 분산 투자란 '달걀을 한 바구니에 담지 말라'는 격언대로 여러 자산에 돈을 나누어 투자하는 일이다. 오히려 시간의 분산 투자보다도 더 필수인 것처럼 여겨지는 전략이다. 이에 따라 많은 투자자들이 아무 생각 없이 돈을 여러 자산에 분산해 투자하지만, 분산 투자가 언제나 좋은 것은 아니다.

분산 투자는 자산의 리스크를 자산의 수만큼 분산한다는 장점이 있지만, 그에 따르는 단점도 분명히 존재한다. 그래서 무작정 분산 투자를 할 게 아니라 본인의 투자 스타일에 따라 정하는 게 좋다. 목적에 따라 분산 투자가 나은 전략일 수도 있고, 집중 투자가 더 나은 전략일 수도 있다.

분산 투자는 돈을 지키는 것에 특화된 전략이다

분산 투자는 구조적으로 투자 하나하나의 무게가 작다. 어떤 투자에서 아무리 크게 실패하더라도 그 규모는 투자의 비중만큼으로 한정된다. 또 서로 다른 리스크를 가진 자산을 잘 분배해서 담으면 시장에 어떤 리스크가 오더라도 균형 있게 잘 방어할 수 있다. 일부 자산에서 손해를 보더라도 다른 자산에서 낸 수익과 상쇄되어 전체적으로는 큰 타격을 피할 수 있기 때문이다.

하지만 이건 때에 따라 단점이 되기도 한다. 투자를 분산하면 분산할수록 큰 수익을 내기 힘들어진다. 잘못된 선택에 대한 책임이 작아지긴 하지만, 잘 결정했을 때의 보상도 함께 작아지기 때문이다. 10개의 자산에 나누어 투자한 포트폴리오가 2배로 성장하려면 10개의 자산이 모두 2배가 되어야 한다. 10곳에 투자해서 모두 2배씩 수익을 보기는 쉽지 않다. 큰돈을 벌고 싶어서 투자를 하는 거라면, 분산 투자는 좋은 선택이 아니다. 특히 코스피 지수 같은 기계적인 분산 투자로는 절대 큰돈을 벌 수 없다. 변동성은 크게 낮출 수 있지만, 수익을 내기는 쉽지 않다. 내가 원하는 회사뿐만 아니라 원하지 않는 회사까지 한꺼번에 투자하게 되기 때문이다.

워런 버핏이 아내를 위한 유언장에서 자신이 죽으면 재산의 90%를 주가지수를 추종하는 인덱스 펀드에, 나머지 10%를 미국 국채에 투자하라고 한 이유도 돈을 벌기보다는 돈을 지키기 위해서다. 끊임없이 공부하고 전략을 짜는 적극적인 투자자가 아니라면 괜히 엉뚱한 주식을 골라 손해 보지 말고 분산 투자를 하라는 말이다. 위험 분산을 위해서라면 수수료가 낮고 손실 위험도 낮은 인덱스 펀드가 최적이다. 정작 워런 버핏은 절대 인덱스 펀드에 투자하지 않는다. 돈을 지키기보다는 돈을 버는 게 목적이기 때문이다.

자산 분산 투자의 다른 문제점은 공부의 어려움이다. 애초에 '시간의 분산 투자'가 필요했던 이유는 아무리 공부를 해도 단기적인 시장 타이밍은 맞추기 어렵기 때문이다. 어차피 맞추지 못할 불확실성이라면 차라리 잘게 쪼개서 리스크를 분산하는 것이 낫다.

하지만 '자산의 분산 투자'는 다르다. 공부를 통해 괜찮은 자산과 별로인 자산을 구별할 수 있기 때문이다. 높은 확률로 답을 맞출 수만 있다면 무조건 분산하는 것보다는 선택적으로 맞는 답에 집중하는 것이 훨씬 현명한 전략이다.

여러 군데 분산 투자를 하면 자연스럽게 알아야 할 투자처 수도 많아진다. 분산 투자를 하는 사람들은 보통 10개 이상, 많게는 30개가 넘는 자산에 투자한다. 하지만 대부분의 사람들은 투자에 들일 수 있는 시간과 노력이 한정되어 있다. 주식 시장만 보더라도 여러 회사를 공부하는 게 직업인 증권사 애널리스트가 아닌 이상 10개가 넘는 회사를 모두 알고 투자한다는 건 쉽지 않은 일이다.

처음엔 하나의 회사에 대해 자세히 공부하는 것도 어렵다. 거기에 주식뿐만 아니라 금, 원유, 외화, 채권, 나아가 비트코인, 이더리움 같은 가상자산까지 투자하려고 하면 알아야 할 건 더욱 많아진다. 공부는 부족한데 분산은 해야겠어서 이것저것 나눠서 투자하다 보면, 결국 분산 투자랍시고 내가 잘 모르는 것에 투자하는 일이 발생한다. 넓게 분산할수록 공부량이 감당이 안 되기 때문이다. 처음에 잘 알고 투자했던 자산이라도 공부를 소홀히 하게 되어 점점 깊이가 얕아질 수도 있다.

내가 잘 모르는 자산에 투자하는 것은 언제나 가장 큰 리스크다. 가치 판단이 잘 안 되기 때문에 가치와 상관없는 가격 변동과 시장의 심리에 흔들리기 쉽다. 가격만 보고 투자하는 사람은 일시적인 가격 하락을 버티지 못해 손해를 보고 팔거나 미미한 수익에 만족하고 나와 버리게 된다. 그렇게 투자할 바에는 차라리 현금으로 갖고 있는 것이 안전하다. 리스크를 분산하려고 시작한 분산 투자가 오히려 결과적으로 리스크를 늘리는 상황이 발생하는 것이다.

그래서 나는 대부분의 사람들, 평범한 개인 투자자들에게는 분산 투자보다 집중 투자가 더 어울린다고 생각한다. 투자는 과목 수가 중요한 게 아니기 때문이다. 투자는 과목 수보다는 성적, 즉 수익률이 중요하다. 여러 군데 분산해서 투자할 경우엔 평균 수익률이 된다. 한 번에 10개의 과목을 공부하는 것보다 3~4개의 과목에 집중

하는 게 평균 성적이 잘 나오는 것처럼, 평균 수익률을 높이고 싶다면 잘 모르는 과목은 과감히 포기하는 결단도 필요하다. 실력에 확실하게 자신 있는 한 과목이 있다면 거기에 집중해도 좋다. 10개의 과목에 시험을 봐서 평균 60점을 맞는 것보다 2~3개의 과목에 시험만 봐서 모두 100점을 맞는 게 훨씬 낫다.

집중 투자에 대한 오해

물론 아무것도 잘하는 과목이 없다면 공부부터 해야 한다. 애초에 집중 투자를 하는 이유가 내가 가장 잘 아는 것에 집중하기 위해서이다. 아는 게 아무것도 없다면 뭔가에 몰빵하는 의미가 없다. 이럴 때는 내가 잘 모르는 분야에 베팅해 성공하는 요행을 바라는 것보다 수익을 조금 포기하더라도 분산 투자를 통해 실패를 줄이는 것이 안전하다. 사람들이 처음 투자를 시작하는 투자자에게 지수 투자를 추천하는 것도 이 때문이다. 지수 투자를 통해 투자에 발을 담근 채 시장에 대한 감을 잡고, 본인이 남들보다 자신 있는 분야가 생겼을 때 천천히 집중 투자로 넘어가도 늦지 않다.

　많은 사람들이 집중 투자에 대해 오해하는 것은 집중 투자, 소위 한 군데 몰빵하는 것은 태생적으로 위험한 전략이라는 것이다. 하지만 이는 전략과 자산을 구별하지 못하고 하는 얘기다. 이상한 곳에 몰빵하는 것이 문제이지, 몰빵 자체가 문제는 아니라는 말이다.

이런 논리대로라면 현금만 갖고 있는 사람은 현금이라는 자산에 몰빵 투자를 했기 때문에 굉장히 위험한 투자를 하고 있는 셈이다. 현금 몰빵은 천천히 가난해질지언정 그렇게 위험한 투자는 아니다. 오히려 주식 10개에 분산 투자를 한 사람이 더 위험할 수 있다. 리스크가 가장 적은 하나에 집중하는 것보다 리스크가 큰 여러 곳에 분산해두는 게 더 위험하다. 본인이 투자한 자산이 너무 많아 진짜 리스크를 제대로 판단할 수 없다면 분산하는 의미가 없다.

내가 가장 잘 알고 유망하다고 생각하는 하나에 집중하는 게 제대로 알지도 못하는 여러 군데 분산해두는 것보다 오히려 안전하고 기대 수익도 높다. 집중 투자라는 전략 자체는 잘만 사용하면 돈을 버는 가장 효과적인 전략이다.

세상의 큰 흐름에 올라타라

실제로 돈을 많이 벌었던 사람들을 보면 분산 투자가 아닌 집중 투자로 돈을 벌었다. 이들이 성공한 이유는 대부분 하나에 집중 투자를 했는데 그 하나가 엄청나게 잘 돼서이다. 무모하게 아무 데나 인생을 걸어 운 좋게 잘된 것이 아니다. 남들보다 먼저 세상의 흐름을 읽고, 가장 빠르게 성장하고 가장 돈이 많이 몰리는 분야를 알아보고 인생을 건 것이다. 세상의 큰 흐름에 올라타는 사람은 어떤 다른 방법으로도 이기기 힘들다. 아무리 코로나 대폭락 같은 기회를 여러 번 잡아도 세상의 변화에 올라타는 것을 이길 수는 없다. 집중 투자 전략을 잘 사용하고, 유망한 분야를 잘 고르기도 하는 사람은 이런 대박을 몇 번씩 터뜨리면서 부자가 된다.

가장 좋은 예는 사업가들이다. 빌 게이츠*Bill Gates*는 자기가 가장 잘 알고 있고 확신을 갖고 있는 회사, 본인이 전 재산을 투자해 만든 회사인 마이크로소프트를 통해 성공하고 돈을 벌었다. 빌 게이츠는 모두가 컴퓨터 하드웨어에 집중하고 있는 사이, 컴퓨터 소프트웨어가 세계를 바꿀 것이라는 확신을 가지고 인생을 걸었다. 아마존의 제프 베이조스, 페이스북의 마크 저커버그*Mark Zuckerberg*, 페이팔과 테슬라의 일론 머스크도 비슷하다. 인터넷의 발달, 전기차의 발달이라는 큰 흐름에 올라타 인생을 걸었다. 기업의 창업자들은 어떻게 보면 확신을 갖고 세운 본인의 회사에 모든 걸 투자한 셈이다. 기업과 운명을 같이 한다는 위험이 있지만, 성공할 경우 부자가 되는 가장 빠른 방법이다.

집중 투자를 통해 부자가 된 투자자의 극단적인 예로는 우리가 철강왕이라고 부르는 앤드류 카네기*Andrew Carnegie*가 있다. 카네기는 록펠러*John Rockefeller*와 함께 19세기 미국을 대표하는 양대 재벌로, 인류 역사상 세 번째로 돈을 많이 가졌던 사람이다. 미 정부 공식 교육재단 스미소니언 협회가 선정한 '미국 역사상 가장 중요한 사람 100명' 중 한 명이기도 하다.

스코틀랜드에서 영세한 직조업에 종사하던 카네기 집안은 카네기가 12살 때인 1848년 미국으로 넘어왔다. 집안이 가난하다 못해 쓰러져가는 수준이었기 때문에 카네기는 어릴 때부터 전보 배달부 등 여러 직업을 전전하면서 가족의 생계에 보탬이 되어야 했다. 그러다 1853년 철도회사에 전신기사로 취직하게 된 카네기는 직장 상사로부터 철도산업이 굉장히 매력적이라는 정보를 듣게 된다. 기회임을 예감한 카네기는 20살 무렵 집을 담보로 500달러를 빌려 애덤스 익스프레스 컴퍼니*Adams Express Company*라는 철도회사에 투자한다. 실패하면 온 가족이 길거리에 나앉을 수도 있는 무모한 행동이었지만 철도산업의 부흥에 힘입어 투자는 성공적이었고, 매월 20%에 달하는 배당금을 받기 시작한 카네기는 주변에서 투자 고수로 통하게 된다.

자신감을 얻은 카네기는 추가 대출금을 받아 장거리 여행을 위한 침대열차를 제작하는 우드러프 침대차 회사*Woodruff Sleeping Car Company*에 투자해 지분 12.5%를 확보한다. 이후 우드러프가 주식시장에 상장을 하고 풀먼*Pullman*이라는 회사와 합병하게 되면서 카네기는 젊은 나이에 엄청난 돈을 벌게 된다. 매년 벌어들이는 배당금만 5000달러를 넘어섰다.

다음엔 그 수익으로 석유 산업에 집중 투자한다. 당시 미국에서는 남북전쟁이 한창이었고, 석유의 수요는 치솟았다. 격동하는 역사의 흐름 속에서 산업의 트렌드를 잘 읽은 카네기는 겨우 33살의 나이에 연 5만 달러가 넘는 배당금을 긁어모으는 청년 재벌로 뛰어올랐다. 스스로 자신에게 '주변에 베풀며 검소하게 살자'는 내용의 편지를 보냈을 정도였다.

이후 본인이 계획했던 대로 35살에 회사에서 은퇴한 카네기는 마침내 독자적인 사업을 하기로 결정한다. 당시 미국에는 남북전쟁을 전후해 본격적인 산업혁명이 꽃피고 있었다. 산업이 발달할수록 철강 수요가 증가할 거라고 예측한 카네기는 자금력을 이용해 경쟁 제철소와 철강회사를 사들이며 철강업계의 큰손으로 부상한다. 카네기가 세운 카네기 철강 회사는 훗날 JP모건에게 매각되며 미국 역사상 가장 규모가 큰 M&A로 기록된다.

이렇게 집중 투자의 연속으로 부를 일군 카네기가 생전에 좋아했던 말은 다음과 같다.

"모든 달걀을 하나의 바구니에 담아라. 그리고 그 바구니를 잘 지켜봐라."

"기회를 중구난방衆口難防 날리지 마라. 세상의 가장 큰 성공들은 선택과 집중을 통해 만들어진다."

카네기가 꾸준히 큰돈을 벌 수 있었던 이유는 시대의 흐름을 읽어내는 천부적인 재능과 본인이 본 미래에 모든 것을 투자하는 집중력 때문이었다. 카네기가 미래가 유망한 산업을 아무리 잘 예측하더라도 그걸 집중 투자 전략과 연결시키지 않았다면 큰 부자가 되기 어려웠을 것이다.

내가 집중 투자하는 법

인생의 모든 걸 던질 수 있는 사업가가 아닌 일반적인 학생이나 직장인 투자자라면 단 하나에 몰빵할 필요는 없다. 본업을 소홀히 하지 않으면서도 공부량을 유지할 수 있는 적정선을 찾는 게 좋다. 나의 경우에는 3~4개 정도의 주력 자산에 집중 투자하는 전략을 사용한다. 포트폴리오에서 약 10%를 차지하는 현금을 제외하고, 가장 유망하고 성장 여력이 큰 자산 몇 개가 전체 포트폴리오의 70~80%를 차지한다.

하나의 자산이 많으면 40%, 적으면 20%대의 비중을 차지한다. 공부하는 시간 역시 내가 주력으로 투자하는 자산에 집중적으로 투자한다. 네이버에 투자할 때는 네이버 전문가였고, 테슬라에 투자할 때는 테슬라 전문가였고, 이더리움에 투자할 때는 이더리움 전문가다. 그 자산에 대해 누구보다 잘 설명할 수 있는 수준이 되지 않으면, 남들과 다른 특별한 시각을 가졌다는 생각이 들지 않으면 집중적으로 투자하지 않는다. 주력 자산과 현금을 제외한 나머지는 '매력적이지만 집중 투자할 정도는 아닌 자산' 여러 군데에 씨를 뿌리듯이 분산해둔다. 리스크를 분산하기 위한 투자라기보다는 관심을 꾸준히 유지하기 위한 투자다. 이런 자산들은 보통 포트폴리오의 1% 이하, 많아야 3% 정도를 차지한다. 나중에 집중 투자의 대상이 될 수 있는 후보들이다.

투자를 처음 시작할 때는 가능성을 보는 것만으로 충분하다. 아직 본격적으로 공부에 시간을 쏟을 필요는 없지만, 뭐든지 소액이라도 돈을 투자해봐야 공부하고자 하는 마음이 들기 때문에 아주 조금씩 투자해보는 것이다. 일단 돈이 들어가면 시장이 보는 자산 가치에 대한 감이 생기고 어떤 뉴스에 시장이 반응하는지를 알 수 있다. 그러다 주력으로 투자하던 자산이 좋은 성과를 내는 등 다음 집중 투자 후보를 찾아야 할 때가 오면 시간을 투자해 제대로 공부하면 된다.

그동안 내가 투자해 1000% 이상의 수익을 얻었던 자산은 비트코인과 이더리움, 테슬라, 클레이스왑이다. 그중 비트코인과 이더리움은 집중 투자 후보군을 지나 주력으로 투자하기 시작한 후에 본격적으로 상승하기 시작했고, 자산을 불리는 데 가장 큰 공신이 되었다. 가상자산의 발달은 아직도 초기 단계인 만큼 이들은 여전히 내 포트폴리오의 큰 부분을 차지하고 있다. 앞으로 10년간 세상을 가장 크게 변하게 할 분야는 아마 이더리움 등을 필두로 한 '가상자산'과 VR, 메타버스 등의 '가상세계'가 될 것이다.

비트코인과 이더리움에서 실현한 수익의 일부는 가상자산과 가상세계 분야 내에서 더 성장 여력이 큰 자산을 발굴하는데 사용하고 있다. 테슬라와 클레이스왑은 내가 씨를 뿌리듯이 조금씩만 투자해둔 상태에서 본격적인 상승을 보였다. 전기차의 확산과 가상자산 분야의 탈중앙화금융 서비스 확산 흐름에 따라 투자한 자산들이다. 가격이 크게 상승하기 전에 비중을 충분히 높이지 못해 상당히 아쉽다.

둘 다 10배 이상은 성장했기 때문에 그만큼 포트폴리오 내의 비중이 커지긴 했지만, 이미 비중을 키워 놓은 상태에서 상승했다면 자산을 더 빨리 불릴 수 있었을 것이다. 조금만 상승 타이밍이 늦었으면 하는 아쉬움이 있지만, 타이밍은 아무도 알 수 없기 때문에 후보 투자군에라도 넣어둔 것을 다행이라고 생각하고 있다. 탈중앙화금융 서비스 확산은 앞으로의 미래가 더 기대되는 분야이기도 하다.

[매도]
날씨는 예측할 수 없지만
계절은 예측할 수 있다

부를 축적하는 비결들을 자세히 살펴보면
모두 '장기적인 전망' 하나로 요약할 수 있다.
_빌 보너

내 집중 투자 전략은 '아는 것에 투자한다'는 철학을 바탕으로 한다. 투자할 자산을 선택함에 있어서 내가 잘 모르는 것보다는 조금이라도 더 확실하게 아는 것에 집중하자는 것이다. 이는 투자의 기간을 선택함에 있어서도 똑같이 적용된다. 결론부터 말하자면 나는 장기투자를 추구하는 장기투자자다. 장기투자라고 함은 아무리 짧게 잡아야 최소 1년, 보통 5~10년 동안 보유하는 것이다.

내가 장기투자를 하는 이유는 단기적인 가격 변동보다는 장기적인 가격의 흐름을 예측하기가 더 쉽다고 생각하기 때문이다. 단기적으로 가격이 어떻게 변할지 잘 모르겠지만 장기적으로는 가격이 오를지 말지 알 것 같다면, 최대한 그 아는 것에 집중하자는 생각이다.

투자 시장은 시시각각 변화하는 날씨와 비슷한 면이 있다. 지역과 시간에 따라 오르내리는 기온처럼, 자산의 가격도 매일 오르내린다. 오르내린다기보다 진동한다는 말이 어울린다. 어떤 날은 굉장히 덥고 어떤 날은 기온이 뚝 떨어지듯이, 시장도 돈이 유입되어 일제히 가격이 상승할 때가 있고 돈이 빠지며 폭락할 때가 있다. 어떤 날은 일교차가 크고 어떤 날은 일교차가 작듯이, 시장도 가격 변동이 큰 날이 있고 작은 날이 있다. 계절이 있고 낮밤이 있고 기상이 있듯이, 시장에도 큰 가격 흐름 속에 작은 가격 변화가 있고 그 속에 더 작은 가격 진동이 있다.

투자라는 건 결국 이러한 가격의 변화를 맞추는 일인데, 가격의 자잘한 변화까지 모두 정확히 예측할 수 있다면 이론적으로 무한대의 수익을 얻을 수 있다. '이론적으로는' 말이다. 전 세계의 수많은 투자자들이 단기적인 가격 변화를 예측해보려고 노력하지만, 해답을 찾은 사람은 아직까지 한 명도 없다. 그걸 어떻게 아냐면, 만약 그 해답을 찾은 사람이 있다면 그 사람은 매일 가장 싼 가격에 사서 가장 비싼 가격에 사는 걸 반복해 이미 전 세계에서 제일 큰 부자가 됐을 것이기 때문이다.

앞서 가격은 시장의 심리에 따라 움직인다고 했다. 시장 심리를 정확하게 파악할 수 있다면 매수세와 매도세를 정확하게 파악해 가격의 움직임도 예측할 수 있을 것이다. 하지만 시장 심리는 한 사람의 심리가 아니라 시장에 참여하는 투자자 한 명 한 명의 심리를 하나로 합쳐 놓은 것이기 때문에 예측이 쉽지 않다.

시장을 구성하는 시장 참여자들의 수가 굉장히 많을 뿐더러 그들의 심리에 영향을 주는 변수도 너무나 많다. 시장 참여자마다 각각의 변수에 반응하는 정도도 다르다. 하루에도 여러 번씩 미묘하게 바뀌는 시장 심리와 그로 인한 단기적인 가격 변동을 정확하게 맞추는 것은 매일의 날씨 변화, 시간 단위의 온도 변화를 맞추는 것과 같이 불가능하다. 매일 날씨를 정확하게 예견하는 건 슈퍼컴퓨터를 가진 기상청도 어려워하는 일이다. 날씨에 영향을 주는 변수가 너무나도 많기 때문이다. 날씨를 비슷하게나마 예측하기 위해 하루 종일 사람들이 일하고 있지만, 기상청도 날씨를 틀릴 때가 있다.

그럼 미래에 대해서 전혀 예측할 수 없냐고 하면 그건 또 아니다. 날씨의 변화는 예측하기 어렵지만, 계절의 변화는 누구나 어느 정도 예측할 수 있다. 내일 눈이 올지 안 올지는 몰라도 겨울이 가면 봄과 여름이 온다는 사실은 알 수 있다. 시간 단위, 일 단위의 단기적인 예측을 포기하고 월 단위, 분기 단위, 연 단위로 기간의 범위를 넓히면, 예측의 정확도는 크게 올라간다. 기간을 늘리면 늘릴수록 예측은 점점 쉬워진다.

투자도 이와 비슷하다. 내일의 어떤 주식이 오를지 맞추는 건 많은 경우 불가능에 가깝지만, 몇 달 뒤, 몇 년 뒤 어떤 주식이 오를지 예상하는 건 조금 더 쉽다. 계절만큼 정확히 예측할 수는 없지만, 방향성을 예측해볼 수는 있다. 어떤 자동차 회사가 다음에 어떤 자동차를 내놓을지는 알 수 없어도, 앞으로 몇 년간 전기차 시장이 급격하게 커질 것이라는 것 정도는 세상에 관심이 조금만 있다면 알 수 있다.

유동성이 엄청나게 풀리고 있다는 것, 국제 정세에서 중국의 힘이 커지고 있다는 것, 가상자산 및 가상세계 시장에 돈이 몰리고 있다는 것 등등 세상이 나아가는 방향성은 생각보다 뚜렷하게 볼 수 있다. 대다수의 사람들보다 먼저 포착하는 게 어려울 뿐이다. 세상의 가장 큰 변화는 1~2개월 안에 이루어지는 것이 아니라 몇 년에 걸쳐, 몇 십 년에 걸쳐 이루어진다. 오랜 시간에 걸쳐 이루어지는 만큼 관심 없는 사람은 잘 못 느낄 정도지만, 관심만 제대로 가지면 늦지 않게 기회를 잡을 수 있다.

단기투자의 치명적인 단점

세계에서 가장 성공한 투자자들 중 단기적인 거래를 주력으로 하는 '트레이더형' 투자자는 거의 없다. 대부분의 성공한 투자자나 사업가들은 짧은 시간 동안 나타났다 사라지는 작은 기회들을 여러 번 연달아 잡는 식으로 성공하지 않았다. 대신 이들은 장기적인 미래의 모습을 그려보는 예측 능력이 뛰어나고, 본인이 본 확실한 미래에 집중적으로 투자한 사람들이다. 단 하나의 거대한 기회만 잡아도 성공하는데 충분하고, 앞서 말한 카네기처럼 서너 개를 잡은 사람도 있다. 자잘한 가격 변동을 계속 맞추려고 하는 것보다 돈의 큰 흐름을 맞추려고 노력하는 것이 맞출 확률도 높고, 성공했을 때의 보상도 크다.

성공 확률을 떠나서라도 단기투자는 치명적인 단점이 있다. 바로 노동과 별다를 바가 없다는 점이다. 단기투자, 소위 단타라고 부르는 투자 방식은 진정한 의미의 경제적 자유와는 거리가 멀다. 투자의 기간이 짧다보니 계속 시장의 흐름을 보면서 자주 거래를 해야 하는데, 이를 위해 직접 시간과 노동을 투자해야 한다. 거래를 멈출 경우 수익도 멈추기 때문에, 가만히 돈이 벌리는 시스템이라기보다는 노동형 투자에 가깝다. 한 번 투자해두면 건드리지 않아도 수익률에 지장이 없는 장기투자와는 질적으로 다르다. 보통은 장기투자가 수익률도 더 좋지만, 같은 수익률을 낸다고 해도 내 시간을 자유롭게 쓸 수 있는 장기투자가 훨씬 낫다.

오해하면 안 되는 것은 노동을 투입할 필요가 없다고 해서 장기투자가 마냥 쉬운 건 아니라는 점이다. 그냥 가만히 있으면 될 것 같지만, 이걸 직접 해보면 생각보다 어렵다. 가격 변동뿐 아니라 각종 뉴스, 더 매력적으로 보이는 회사, 스스로의 욕심 등이 끊임없이 멘탈을 흔들기 때문이다.

장기투자를 위한 마인드

장기투자를 제대로 하기 위해서는 마인드부터 장기적으로 바꿔야 한다. 우리나라에서는 대부분의 투자자들이 단기적인 시각으로 투자에 접근한다. 1년 넘게 보유하겠다고 장담하며 투자한 사람 중에 실제로 1년 넘게 보유하는 사람은 거의 없다. 한국금융투자협회에서 나온 논문을 보면 우리나라 사람들의 평균 주식 보유기간은 1.3일이고, 주식을 산 사람들의 99.9%가 하루 이내에 샀던 주식을 다시 판다고 한다. 이렇게 실제로 단기투자를 많이 하기 때문에 단기적인 시각이 지배적일 수밖에 없다. 스스로 장기투자를 추구하면서 본인의 단기적인 마인드를 깨닫지 못하는 경우도 많다. 나도 모르게 단기적인 투자 마인드를 갖고 있지 않은지 점검해보자.

먼저 수시로 가격을 확인해야만 직성이 풀리지는 않는지 확인해보자. 뉴스 기사를 보면 특히 미국주식이나 가상자산 투자를 하느라 밤에 잠을 이루지 못하는 사람이 많다고 한다. 쓸데없이 가격을

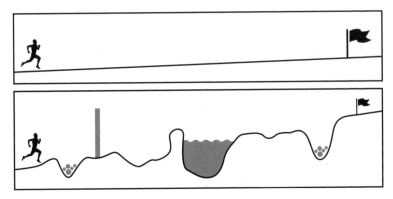

사람들이 생각하는 장기투자와 실제 장기투자

계속 확인하는 습관은 단기적인 투자 마인드의 전형적인 지표다. 장기투자를 하는 사람은 어차피 가격의 큰 흐름만을 노리고 투자하기 때문에 굳이 매일 가격을 볼 필요가 없기 때문이다. 그렇다면 가격을 매일 보게 되는 이유는 뭘까? 어떤 근본적인 불안함이 하루에도 몇 번씩 가격을 확인하게 만드는 것일까?

투자를 단기적으로 접근하는 사람들은 자산을 '모으기 위해' 사는 게 아니라 '팔기 위해' 산다. 저평가된 자산을 싼값에 모으는 게 목적이 아니라 결국에 이걸 팔아 현금을 만드는 게 주 목적이다. '가치'가 아니라 '가격'으로 움직이는 것이다. 항상 내가 산 자산을 팔아서 얼마나 차익을 남길 수 있을지 없을지만 생각하기 때문에 지금 팔면 얼마의 돈을 받을 수 있는지 계속 확인하고 싶어 한다. 계속 팔 생각을 하기 때문에 계속 가격이 궁금한 것이다.

또 단기투자자들은 언제든 '손절'을 해야 할 수도 있다는 두려움이 있다. 단기투자자들이 얻는 수익의 대부분은 가격의 단기적인 진동에서 나오기 때문에 가치보다는 시장 심리가 더 중요하다. 본인이 투자하는 자산의 미래 가치에 대해 알 필요도 없고, 알려고도 하지 않는다. 어차피 미래까지 갖고 있을 생각이 없기 때문이다. 그래서 이들에겐 '손절'이라는 전략이 필요하다. 가격이 가치를 따라 우상향할 것이라는 믿음이 없기 때문에 하락에 대한 공포를 감당할 수가 없기 때문이다. 그래서 가격이 조금이라도 떨어지면 더 큰 손해를 보기 전에 '손절'을 한다.

장기투자에게는 '손절' 전략이 필요가 없다. 미래 가치가 큰 자산을 '모으는 것'이 목적이기 때문이다. 장기투자자는 현금을 위해 자산에 투자하는 게 아니라 자산이 현금보다 매력적이기 때문에 투자한다. 가격이 떨어진다면 오히려 좋은 일이다. 더 싼값에 수량을 늘릴 수 있기 때문이다. 세일 기간에 갖고 싶은 물건을 산다고 생각하면 편하다. 우리가 물건을 사는 이유는 중고로 되팔아 차익을 얻기 위해서가 아니라 지금 가격표에 달린 현금보다 매력적이어서 사는 것이다. 투자도 비슷하게 접근해야 한다. 내가 투자하려는 자산이 내가 생각하는 가치보다 저평가되어 있기 때문에 사는 것이다. 가격이 떨어지는 건 세일 기간과 같이 즐거운 일이다.

여기서 의문이 생길 수 있다. 그래도 내 투자가 잘 되고 있는지 매일 확인해야 하는 것 아닐까? 가격이 떨어지면 뭔가 잘못되었다는 뜻 아닐까? 내 투자에 문제가 없는지 계속 확인해야 하는 것은 맞는 말이다. 장기투자자라고 해서 공부와 시장 파악을 게을리해서는 안 된다.

하지만 그걸 가격을 통해서 확인할 수 있다고 생각하는 건 착각이다. 투자가 잘 되고 있는지는 가격만으로 확인할 수 없다. 앞서 말했듯 가격은 가치를 직접 반영하는 게 아니라 가치에 대한 사람들의 심리를 반영하는 것이기 때문이다. 가격을 통해 가치 하락을 확인한다는 생각은 인과관계의 앞뒤가 바뀌었다. 진짜로 가치가 떨어져 가격이 하락했을 수도 있지만, 다른 이유 때문에 가격이 하락했을 수도 있다. 가격이 하락했다고 무조건 가치가 떨어졌다는 뜻은 아니다.

진짜로 봐야 할 것은 처음 투자를 시작하게 된 비전과 근거가 흔들리지 않았는지다. 실제로 내가 투자를 결정하게 된 근본적인 미래 가치가 사라져버렸다면, 조금이라도 빨리 투자를 그만두는 게 좋다. 그러나 그 근거가 바뀌지 않았다면 가격이 오르거나 떨어졌다고 해서 일일이 대응할 필요는 없다. 가격은 바뀌었지만 개수는 바뀌지 않았기 때문이다. 괜히 대응한다고 이리저리 포지션을 옮겨 다니다가 개수까지 줄어버리는 수가 있다.

많은 사람들이 처음 투자할 땐 탄탄한 근거를 바탕으로 매수했다가도, 가격이 조금만 생각과 다르게 움직이면 마음이 흔들려 팔아버린다. 매수할 때는 장기투자자였는데 매도할 때는 단기투자자로 돌아와버리는 케이스이다.

단기투자에서 손절 전략이 말이 되는 이유는 매수 근거가 '가격'이기 때문이다. 애초에 가격을 보고 샀기 때문에 매도 근거도 가격으로 잡는 게 자연스럽다. 하지만 장기투자를 시작한 이상 가격 변동만으로 섣불리 의사결정을 내려선 안 된다. 매수 근거가 탄탄하지 않으면 투자하면 안 되는 것과 마찬가지로, 매도의 근거가 탄탄하지 않다면 섣불리 팔 필요는 없다. 급하게 팔 일이 없다면 가격도 매일 확인할 필요가 없다.

차트에 집착하는 것도 대표적인 단기투자 지표 중 하나다. 많은 사람들이 투자 결정을 할 때 혹은 투자의 타이밍을 결정할 때 가격 차트를 보지만, 장기투자에 있어서 차트는 큰 도움이 되지 않는다. 나 스스로도 차트를 거의 보지 않고 투자를 한다.

내가 차트에 집착하지 않는 이유

절대 차트가 무의미한 것은 아니다. 거래량은 어떤지, 가격 추이는 어떤지 등 거래 현황에 대한 정보를 통해 '현재' 시장 심리의 한 단면을 분명히 보여준다. 그래서 단기적인 시장 심리가 가장 중요한 단기투자자들에게는 꽤나 유용하다. 시장의 미묘한 심리 변화를 추측해볼 수 있는 거의 유일한 방법이기 때문이다.

이들은 투자를 결정하기 전 차트를 통해 거래가 활발해 치고 빠지기 쉬운지, 변동성이 큰지, 어떤 가격대에서 움직이는지 등을 확인하고 얼마나 차익을 낼 수 있을지를 가늠한다. 또 투자를 결정한 후에는 매수 타이밍을 잡기 위해 차트를 활용한다. 단타는 작은 퍼센티지(%)의 수익을 여러 번 쌓아가는 방식이라 1~2%의 수익도 소중하기 때문이다.

차트를 읽는 이론이 자기실현적 예언이 되기도 한다. 차트를 이용해 투자하는 사람들만 몰려 있는 시장에서는 차트의 움직임을 통해 단기적인 가격 흐름을 맞출 수 있는 경우도 있다. 차트를 통해 움직임을 예측하려는 사람들이 실제로 본인이 예측한 방향에 따라 거래를 하기 때문이다. 예언에 따라 사람들이 움직여 예언이 진짜가 되어버리는 경우다.

차트 속에는 현재 시장 상황에 대한 다양한 정보가 있지만, 이게 먼 미래를 예측해야 하는 장기투자자에게 유용한 정보인지는 또 다른 문제다. 장기투자자는 투자를 결정하기 전에 어떤 자산이 장기적으로 가격이 오를지를 예측하기 위해 정보를 수집한다. 따라서 정보를 수집할 때도 그 정보가 미래의 가격을 좌우하는 변수인지, 그걸 통해 미래를 예측할 수 있는 변수인지를 중요하게 봐야 한다.

장기적인 미래를 예측하는 데 도움이 되지 않는 정보라면 그 정보는 장기투자자에게 큰 가치가 없다.

차트라는 것은 본질적으로 과거의 가격을 기록해 모아 놓은 것이다. 차트를 공부하는 것은 일종의 역사 공부와 비슷하다. 역사를 아는 것도 중요하지만, 역사만으로 미래를 예측할 수는 없다. '역사는 반복되는 게 아니라 라임이 맞는 것'이라는 말이 있듯이, 세상 일이 항상 과거와 비슷하게 돌아가긴 하지만 정확히 똑같게 움직이지는 않는다. 차트에 기록된 가격이라는 것은 각 시점의 경제 흐름, 정치 동향, 여론, 자연 재해 등을 모두 반영해 평균을 낸 시장의 심리가 하나의 결과로 나타난 것이다. 가격 차트는 결국 다양한 변수들의 '결과물'이지 변수 그 자체가 아니라는 뜻이다. 유동성 확대, 무역 분쟁, 바이든 대통령 취임과 같은 정보는 미래 움직일 수 있는 변수지만 그런 여러 가지 변수가 종합되어 움직인 가격의 기록은 미래와 전혀 상관이 없다. 정치 변수, 경제 변수에 의한 가격 변동만을 반영한 차트가 있는 것도 아니고, 왜 가격이 이렇게 움직였는지 기록된 차트가 있는 것도 아니다. 차트는 당시 가격으로 나타난 시장 심리를 나열한 그림일 뿐이다.

따라서 차트에 보이는 가격의 추이는 장기적으로 그 자산의 가격 흐름에 영향을 끼치지 못한다. 차트를 봤을 때 가격이 쭉 올라간다고 해서 관성의 법칙으로 앞으로 더 올라간다고 볼 수도 없고, 많이 올랐다고 해서 앞으로 더 못 올라간다는 뜻도 아니다. 언제나 그 당시의 진짜 변수, 즉 경제, 정책, 여론 등이 반영된 시장의 심리만이 가격에 영향을 끼친다.

차트를 이용해 투자에 대한 의사결정을 하는 사람들이 있기 때문에 단기적으로는 차트의 흐름이 투자자들의 심리에 어느 정도 영향을 끼친다. 하지만 그 영향은 오래가지 못한다. 차트의 모양은 차트 바깥에 있는 다른 '진짜' 변수들의 효과를 이길 수 없기 때문이다. 과거의 가격 흐름만을 보고 누군가가 큰 규모로 자산을 매수하거나 매각할 것이라는 걸 맞춘다는 건 상식적으로 불가능한 얘기다. 따라서 여론이 어느 정도 중요한 단타에서는 차트가 가격을 예측하는 데 활용될 수 있지만, 투자 기간을 장기적으로 늘리면 그 의미는 점점 줄어든다.

완벽한 매수 매도 타이밍에 집착하는 것도 단기투자자의 흔한 습관 중 하나다. 나는 어떤 자산을 매수해야겠다는 생각이 들면 바로 현재의 시장가격으로 사버리고, 매도해야겠다는 생각이 들면 역시 현재 시장가격으로 팔아버린다. 장기투자에는 미세한 타이밍을 잡는 것이 큰 의미가 없다. 폭락과 같은 큰 이벤트가 있을 때는 분명히 타이밍이 작용하지만, 그런 타이밍은 의도한다고 잡을 수 있는 게 아니다.

타이밍을 잡는답시고 이미 결정한 투자를 미루는 건 높은 확률로

해가 된다. 괜히 며칠 지켜보다가 조금 올라버리면 '그때 바로 살걸'
하고 후회하고, 조금 떨어지면 사겠다는 자신감을 잃어버릴 수도
있다. 더 낮은 가격을 잡으려다 영영 타이밍을 놓쳐버릴 수도 있다.
기다리던 폭락이 왔는데 떨어진 가격이 처음 기다리기 시작한 가격
보다 높을 수도 있다.

　해당 자산에 장기투자를 결정했다는 것 자체가 미래에 떨어질 확
률보다 오를 확률이 더 높다고 생각했다는 건데, 내일 좀 더 싸게 살
수도 있지 않을까 하고 지켜보는 건 모순이다. 오히려 정말 장기투
자를 생각했다면 상승을 놓칠까봐 겁이 나야 하는 게 맞다.

성공적인 장기투자를 하는 방법

장기투자에서는 처음부터 싼 가격에 모든 물량을 모은다기보다, 시
간의 분산 투자를 통해 평균 매입가를 낮춰가는 것이 좋다. 처음에
조금 비싸게 사서 '물렸'더라도 괜찮다. 손절을 생각해야 하는 단기
투자자가 아니기 때문이다. 가격이 올라가면 가장 쌀 때 잘 산 셈이
고, 가격이 떨어지면 그때 추가 매입을 통해 싸게 사면 된다. 먼저
싸게 사고 비싸게 추가 매입을 하나, 먼저 비싸게 사고 나중에 싸게
추가 매입을 하나, 순서의 차이일 뿐이다. 어차피 몇 퍼센트의 차이

는 장기적으로 볼 때 큰 의미가 없다. 몇 백 퍼센트대의 수익구간에 진입한 후 뒤돌아보면 모두 훌륭한 투자다.

흔히 평단가라고도 하는 평균 매입가의 힘은 굉장하다. 나는 현재 보유하고 있는 비트코인과 이더리움의 대부분을 각각 1000만 원, 20만 원 이하 수준에서 매입했다. 수익률이 마이너스로 갈 때마다 추가 매입을 통해 평단가를 낮췄다. 그러다보니 2021년 5월과 같이 비트코인과 이더리움이 각각 7000만 원, 350만 원 정도에서 40% 하락을 맞아도 아무런 느낌이 들지 않는다. 아무리 떨어져도 어마어마한 수익구간이기 때문이다. 30% 이상 하락을 여러 번 버텨왔지만, 가격이 올라가면 올라갈수록 버티기는 점점 더 쉬워졌다.

장기투자는 하면 할수록 점점 마음이 편해진다. 처음에는 현재 가격과 평단가가 비슷해 수익이 마이너스로 가기도 하지만, 수익률이 점점 쌓이면 폭락이 와도 수익 구간을 유지하기 때문이다. 장기투자가 가장 어려울 때는 처음 샀을 때다. 그때만 잘 버티면 오랫동안 마음 편한 투자를 할 수 있다.

내가 투자를 하면 할수록, 내가 투자한 것들이 오르면 오를수록 후회되는 건 딱 한 가지, 왜 가격이 쌀 때 더 많이 사지 못했는지다. 특히 수익률이 마이너스인 구간에는 평단가를 낮출 수 있기 때문에 추가 매입을 하기 가장 좋을 때다. 100만 원을 투자해 수익률이 -30%라면, 100만 원을 추가 투입하면 수익률이 -15%로 높아진다.

평균 매입가가 그만큼 낮아지기 때문이다. 추가 매입을 하면 할수록 평단가는 점점 낮아지고, 마이너스는 점점 사라진다. 가격이 원래 수준을 회복하면 평단가가 낮아진 만큼 수익률도 원래보다 더 높아져 있을 것이다.

시간이 지나 내가 투자한 자산의 가격이 상승할 시점에는, 그 과정까지 어떤 가격을 지나왔는지는 중요하지 않다. 오로지 내가 몇 개를 가지고 있는지, 그걸 얼마에 샀는지만 중요하다.

구글이나 엔비디아가 결국 인공지능AI 업계를 제패할 것이라 생각하든, 애플과 페이스북이 결국 VR 생태계를 대중화시켜낼 것이라 생각하든, 테슬라가 결국 배터리 혁신을 이뤄낼 것이라고 생각하든 좋다. 평생 조금씩 모아가고 싶은, 장기적인 비전에 대한 믿음이 확실하게 드는 자산을 찾았다면 다음은 쉽다. (팬덤은 처음 투자처를 찾는 방법일 뿐이고 비전에 대한 확신이 드는 포인트는 아니다. 확신을 주는 요소 중 하나인 시장 지배력에 관한 내용은 '장기적으로 성장할 수밖에 없는 회사의 조건'의 글을 참고하자.) 그 자산의 평단가를 낮게 유지하면서 개수를 늘려가기만 하면 된다.

포트폴리오를 리셋하는 법

장기투자는 가격이 아닌 매력에 따라 투자하는 방식이다. 어차피 매수나 매도를 해야 하는 정확한 가격을 집어내는 건 불가능하기 때문에 시장 참여자들의 인식에 따라 매력도를 평가하는 게 훨씬 효과가 좋다. 패션과 비슷하다. 유행에 느린 사람들까지 사기 시작하면 매력이 떨어진다. 타이밍 역시 매력에 따라 사고 매력에 따라 팔면 된다.

가격이 얼마나 올랐을 때 팔아야 할까?

가격은 생각 하지 말고 다른 자산에 비해 매력이 떨어지기 시작할 때부터 조금씩 팔면 된다. 가격이 올랐더라도 여전히 다른 자산에 비해 가장 매력적이라면 굳이 매도할 필요가 없다.

가격이 얼마나 떨어졌을 때 사야 할까?

역시 가격은 생각하지 말고, 다른 자산에 비해 현저히 저평가되어 상승 여력이 많다는 생각이 들 때부터 사면 된다.

타이밍을 잡으려고 노력하는 것보다 좋은 방법은 수시로 포트폴리오를 리셋하는 것이다. 지금 투자하고 있는 모든 자산을 합친 것만큼을 오로지 현금으로 가지고 있다고 생각하고, 지금 새롭게 투자에 뛰어든다고 가정해도 지금과 같은 포트폴리오를 유지할지 생각해보는 것이다. 관성으로 투자하고 있던 자산을 현재 시장에 맞게 다시 생각하게 되는 방법이다. 본인이 쓰던 보고서나 글을 한 달 뒤에 다시 보면 다른 사람이 쓴 것처럼 느껴지는 현상과 비슷하다.

이미 예전부터 자산을 보유하고 있던 사람은 그 자산을 새로 사려는 사람과 눈높이가 다른 경우가 많다. 분명히 투자할 때는 가장 매력적으로 보이는 자산이었더라도, 가격이 오르다 보면 추가적인 상승 여력이 점점 줄어들 수밖에 없기 때문에 다른 자산에 비해 상대적으로 매력이 떨어지게 마련이다. 항상 새로운 매수자의 시각으로 다른 자산과 비교해 상대적인 매력을 잘 판단해야 한다. 다른 주식이든, 부동산이든, 현금이든 지금 내가 보유하고 있는 것보다 훨씬 저평가되어 있고 상승 여력이 큰 자산을 발견한다면 그때 옮겨가면 된다.

너무 자주 옮겨 다닐 필요는 없다. 투자 매력의 미세한 차이를 구분하기도 어려울 뿐더러 옮겨 다닐 때마다 비용도 생기기 때문이다. 나의 경우는 보통 한 달에 두세 번 정도 미세한 조정을 한다. 지금보다 크게 매력적인 자산이 없다면 타이밍에 대한 걱정 없이 쭉 보유하면 된다. 내가 아는 범위 내에서 가장 매력적인 자산을 갖고 있는 것이기 때문에 항상 마음이 편할 것이다.

07

[매도]
운도 실력이다

투자는 결과주의다. 어떤 과정을 거쳐 어떤 선택을 하든 결국 남는 건 돈이라는 결과다. 올바른 결정은 수익이라는 결과로 나타나고, 잘못한 결정은 손해라는 결과로 나타난다. 이 결과는 시간이 지나 180도 바뀌기도 하고, 미래에 올바른 결과를 얻기 위해서 오랜 시간 잘못되어 보이는 선택을 고집해야 하는 경우도 있지만, 현재의 시점에 한해서 어떤 의사결정이 좋았는지 나빴는지 평가할 수 있는 방법은 결과가 유일하다. 돈을 벌었으면 성공이고, 돈을 잃었으면 실패다. 오랜 기간 투자를 해오면서 돈을 많이 축적했으면 성공한 투자고, 돈을 잃었으면 실패한 투자다. 더 장기적으로 보면 결과가 바뀔 수도 있지만, 아직까지는 그렇다는 말이다.

실패를 포장하는 가장 쉬운 핑계는 운이다. 운이 나빴다는 핑계를 대면 무슨 일이든 내가 아무리 잘해도 어떻게 할 수 없었던 불가항력적인 실패로 만들 수 있다. 성공을 별것 아닌 걸로 만드는 가장 속 편한 핑계도 운이다. 남들 앞에 겸손하기 위해 직접 운이 좋았을 뿐이라며 포장할 수도 있고, 남들의 성공을 깎아내리기 위해 운이 좋았다고 혀를 찰 수도 있다.

운 핑계를 대면서 실패를 정당화하거나 성공한 사람들을 깎아내리면 마음은 편하지만, 내가 성공하는 데 도움 되는 행동은 아니다. 모든 걸 운과 환경 탓으로 돌리기 시작하면 개인이 할 수 있는 노력은 아무 의미가 없어지기 때문이다. 모든 걸 내가 어찌할 수 없는 운으로 치부해버리는 순간부터 그 사람의 성장은 끝이다. 앞으로의 인생을 정말로 운명에 맡기는 일이다. 운 탓을 하는 건 성장을 가로막는 가장 큰 장애물이다.

엄밀히 따지면 이 세상에 진정한 '운'이란 존재하지 않는다. 모든 일은 그런 일이 벌어질 수밖에 없었던 인과관계를 통해 만들어진다. 하지만 그런 인과관계를 하나하나 다 알고 예측할 수 없기 때문에, 보통 세상에서 벌어지는 일 중에서 우리가 이해할 수 없거나 컨트롤할 수 없는 부분을 '운'이라고 부른다.

어떤 일이든 정보의 부족, 능력의 부족 때문에 운으로 보이는 것 뿐이지 사실은 그런 일이 벌어질 수밖에 없는 필연이라는 것이다. 하늘에서 벼락이 떨어지는 것조차 운이 아니다. 구름과 지표면 사이의 전하 이동을 완벽하게 이해하는 사람이 있다면, 그에게 벼락은 당연히 그 시점에 그 위치에 떨어질 수밖에 없는 것으로 보일 것이다. 단지 지구에 그런 인간이 존재하지 않기 때문에 우리가 벼락 맞는 걸 운의 영역이라고 생각할 뿐이다.

운의 상대성을 얘기하기 위해 벼락과 같이 현재 인류의 한계를 벗어난 극단적인 예를 들었지만, 우리가 아무 생각 없이 운의 영역이라고 생각하는 많은 부분은 노력과 습관을 통해 운의 영역 밖으로 꺼낼 수 있다. 늘 운이 좋아 보이는 사람에게는 보통 그 뒤에 보이지 않는 무언가가 있다. 진짜로 신의 축복을 받아 남들보다 특출하게 운이 좋은 사람은 이 세상에 없다. 행운과 불운은 사람에게 주어지는 것이 아니라 상황에 주어지는 것이다. 운이 좋아 보이는 사람들은 알게 모르게 행운을 잡기 쉬운 환경을 만들고 불운이 작용할 확률을 줄이는 선택을 한다. 운이 좋을 수밖에 없는 상황을 만들기 때문에 항상 운이 좋은 것이다.

투자의 세계도 똑같다. 투자에서 벌어지는 모든 일은 결국 하나의 인과관계다. 세상이 변화하고, 그 변화에 따라 사람들의 심리가 변화하고, 그 심리 변화에 따라 돈의 투자와 자산의 거래가 이루어지고, 그 거래가 가격 변화로 이어진다. 투자를 잘 모르는 사람들은 투자의 대부분을 운의 영역이라고 생각하지만, 그건 그 사람들이 말 그대로 투자를 잘 모르기 때문이다. 모르는 사람에게 모든 것은 운으로 보일 수밖에 없다.

내가 이해하지 못하는 부분, 내가 컨트롤할 수 없는 부분을 최대한 줄이면 투자에서도 운이 좋아질 수 있다. 투자 운을 결정하는 중요 포인트는 불운에 대응할 수 있는 '대응력', 기회를 알아볼 수 있는 '판단력', 그리고 그 행운을 잡을 수 있는 '행동력'이다.

똑같은 일이 일어나도 어떤 사람은 위기 속에서 기회를 찾고, 어떤 사람은 기회를 위기로 본다. 지구상 모든 사람들에게 공통적으로 벌어진 코로나 확산이라는 현상을 놓고 생각해보자. 코로나 확산으로 인한 전 세계적인 자산가격 대폭락 사태가 일어났을 때, 전 재산을 경기 변동에 취약한 자산에 모아둔 사람에게는 이런 일이 재앙으로 다가왔다. 반면 현금 여력이 있던 사람에게는 이 사태가 둘도 없는 역전의 기회가 됐다. 변화에 대한 대응력의 차이다.

현금 여력이 있던 모든 사람들이 이 기회를 잡을 수 있었던 건 아니었다. 이게 기회인 줄 전혀 모르는 사람들도 있었고, 생각만 하고 행동으로 옮기지 못한 사람들도 있었다. 실제로 행동을 해서 대출을 실행하고 투자를 실행한 사람들만이 기회를 잡았다. '현금의 매력도가 일시적으로 엄청나게 상승한 시기에 싼값에 대출을 받아 헐값이 된 자산들을 긁어모은다'는 건 말로는 쉬워 보여도 실제 행동으로 옮기기는 굉장히 어렵다. 기회를 잡을 수 있는 상황을 만들어 놓은 준비된 사람, 그 기회를 알아보고 실제로 손을 뻗어 잡는 판단력과 행동력이 있는 사람만이 행운을 잡는다. 영화 〈국가부도의 날〉이 그런 사람들의 모습을 잘 그려 놓았다.

역사적으로 보면 크고 작은 기회들은 계속 거의 매년 온다. 그리고 매번 준비된 사람들이 그 기회를 잡는다. 투자 원칙을 지키며 항상 세상의 변화에 대한 대응력을 갖추고, 그 변화를 정확하게 파악하고, 과감한 행동력으로 생각을 실행에 옮기는 사람들이다. 관건은 뒤를 보는 게 아니라 앞을 보고 있어야 한다는 것이다. 버스가 지난 곳을 보지 말고 버스가 오는 곳을 보는 것, 내가 아깝게 놓쳐버린 기회가 있다면 왜 이번 기회를 놓쳤는지, 다음번에는 어떻게 해야 기회를 잡을 수 있을지 고민하는 것이 중요하다.

나는 살면서 항상 운이 좋았다. 투자를 시작한 후에도 항상 운이 좋았다. 여러 번 있었던 시장의 위기도 큰 타격 없이 넘겼고 시장에 큼지막한 기회가 왔을 때도 놓치지 않고 잡을 수 있었다. 항상 최악의 가능성을 생각하고 위기 속에서 기회를 찾는 등 나만의 투자 원칙을 잘 지킨 덕분이라고 생각한다. 원칙이 없었더라면 결과는 지금과 완전히 달랐을 것이다.

본인의 투자 성향에 맞는 투자 원칙을 잘 정립한다면 이 책을 읽는 누구든 지금보다 운이 좋은 환경을 만들 수 있다고 믿는다. 처음부터 완벽하게 나에게 맞는 투자 노하우를 갖출 수는 없지만, 오랜 시간 실험과 검증을 거치며 생각을 정교화하다 보면 확실히 투자가 쉬워지고 운이 좋아지는 느낌이 들 것이다.

두려움 때문에 행동을 미루는 건
가장 크고 멍청한 실수다

나만의 투자 철학과 원칙을 만드는 가장 좋은 시작점은 성공한 사람들의 생각을 참고하는 것이다. 투자 철학을 혼자만의 힘으로 만들 수는 없다. 아이작 뉴턴Isaac Newton이 "내가 남들보다 더 멀리 본 것은 거인들의 어깨 위에 서 있었기 때문이다"라고 말한 것처럼, 성공한 사람들은 대부분 이전에 성공했던 사람들의 생각에 본인만의 생각을 조합해 새로운 시각을 만들어낸다. 다행히 인생철학에는 소유권이 없다. 최대한 많은 사람들의 생각을 참고하고, 본인이 실천할 수 있는 괜찮은 철학이 있다면 최대한 많이 훔쳐서 자신의 것으로 만들어야 한다.

　다만 아무리 위대한 사람의 생각이라도 아무 생각 없이 기계적으로 따라서는 안 된다. 다른 사람들은 나에게 맞는 원칙을 대신 만들어줄 수 없다. 모든 투자자는 리스크 성향이 다르고, 처한 환경이 다르고, 원하는 목표가 다르기 때문이다. 아무리 비슷한 삶을 살아왔어도, 내가 할 수 있는 투자와 여러분이 할 수 있는 투자가 다를 수 있다. 나는 장기투자라는 투자 스타일에 최적화된 일련의 원칙들을 만들었지만, 여러분은 장기적으로 투자할 수 없는 상황일 수도 있다. 나이가 어려 더 공격적인 투자를 원할 수도 있고, 나이가 많아 안정적으로 지키는 투자를 원할 수도 있다.

이 책이 갓 출간되었을 때와 나온 지 10년이 흘렀을 때는 시장 상황이 다를 수 있고, 규제 환경이 다를 수 있고, 투자 옵션이 다를 수 있다. 그래서 원칙은 온전히 자신만의 힘으로, 버릴 건 버리고 취할 건 취하면서 시간을 충분히 들이는 것이 좋다.

여기서 중요한 건 일단 원칙을 세운 다음에는 철저하게 원칙에 따라 행동해야 한다는 것이다. 불필요한 감정이나 비이성이 개입하는 걸 막기 위함이다. 중요한 결정을 할 때뿐만 아니라 평상시에도 지금의 포트폴리오가 내 투자 철학에 부합하는지 수시로 되물어야 한다. 행동을 하지 않고 가만히 있는 것도 하나의 의사결정이기 때문이다. 원칙에 충실한 투자를 하려고 노력해야 소위 뇌동매매(뇌가 시키는 대로 하는 거래)라고 부르는 즉흥적인 결정을 방지할 수 있다.

솔직히 뇌동매매 투자는 재미있다. 나도 즉흥적인 감정에 따라 자산을 사고팔아 봤다. 돈을 벌어보기도 하고 돈을 잃어보기도 했다.

뇌동매매로 돈을 벌었을 때는 공돈이 생긴 것 같아 굉장히 기뻤고, 돈을 잃었을 때는 괜히 했다는 아쉬운 감정이 들었다. 결과가 어찌되든 카지노에서 도박을 하는 것처럼 재미있다.

하지만 이런 감정에 익숙해지면 어느새 투자는 자산을 축적하는 활동이 아니라 재미로 하는 엔터테인먼트 활동이 되어버린다. 투자가 게임이라면 전략 게임에서 도박성 아이템 뽑기로 장르가 바뀌는 것이다. 뇌동매매를 하면 할수록 중독되어 지루한 장기투자보다는 재밌는 단타를 찾게 되고, 투자 원칙보다는 베팅의 쾌감을 찾게 된다. 단기적으로는 운에 따라 좋은 결과를 낼 수 있지만, 장기적으로는 수익률에 해가 갈 수밖에 없다.

뇌동매매의 가장 큰 문제점은 결과가 성공이든 실패든 내 의사결정 능력을 개선하는 데 도움이 안 된다는 것이다. '이거 아닌 거 같다'는 생각이 들더라도 평소 원칙대로 밀고 나가야 나중에 잘못되었을 때 그 원칙을 수정할 수 있다. 어떤 매뉴얼이나 원칙이든 모든 상황을 완벽히 커버할 수 없고, 어딘가 빈틈이 생길 수밖에 없다. 하지만 그런 빈틈을 즉흥적 판단이나 동물적 감각에만 의존해 막으려고 하면 원칙은 있으나 마나한 존재로 전락한다. 인공지능 로봇이 아닌 이상 사람은 항상 이성적인 판단만 할 수는 없다. 언제나 믿을 수 있는 건 투자 철학과 원칙뿐이다. 아무리 즉흥적 판단력이 좋다고 하더라도, 그걸 원칙으로 녹여내는 과정을 거쳐야 진짜 실력이 된다.

이렇게 본인의 철학과 원칙을 끊임없이 수정하는 것의 목표는 결과의 질을 개선하는 것, 나아가 그 결과의 바탕이 된 의사결정의 질을 개선하는 것이다.

어떤 투자가 왜 나빴고 왜 실패했는지 그 1차적인 결과만 분석하는 것이 아니라, 어떻게 이런 투자를 하도록 의사결정이 이뤄졌는지, 내가 어떤 철학과 원칙에 따라 이걸 투자하게 됐는지 그 의사결정 과정을 분석하는 것이다. 내가 무엇을 놓쳤고 무엇에 한눈을 팔았는지를 분석해야 다음번에 똑같은 상황이 오더라도 같은 실수를 반복하지 않고 다르게 행동할 수 있다.

원칙을 만들 때도 행동력이 중요하다. 머릿속으로 시뮬레이션만 돌리는 건 아무 소용이 없다. 실제 투자는 안 하고 1년 넘게 준비, 공부만 하는 사람들이 많다. 공부는 투자를 하면서 해도 늦지 않다. 투자를 실제로 해봐야 공부할 의욕도 생기고 이해도 빨라진다. 운동도 책으로만 배워서는 헛똑똑이가 되듯이 투자도 몸으로 빨리 겪을수록 빨리 배운다. 아무리 공부를 많이 해도 투자를 시작하기에는 한 달이면 족하다. 아직 투자를 시작하지도 않았다면, 책과 유튜브는 그만 보고 하루 빨리 실제로 투자에 뛰어들길 바란다. 백날 머릿속으로 폭락에 대응하는 연습을 시뮬레이션해봤자 실제 폭락이 오면 정신줄 붙잡기 바쁘다. 폭락이 온 줄 알고 준비한 대로 했는데 더 큰 폭락이 오는 경우도 많다. 진짜 기회가 왔을 때 대부분의 사람들은 이미 의욕이 사라져 대응을 포기해버린다.

오히려 공부 잘하고 모범적으로 살아온 사람들이 이런 행동력이 부족한 경우가 많다. 아는 게 많다보니 더 여러 가지를 재게 되고, 더 다양한 리스크를 생각하게 되고, 조심하게 되는 것이다. 하지만 투자는 리스크를 피하는 게 아니라 리스크를 관리하는 행위다. 투자를 미루는 것은 돈을 확실하게 안 잃는 방법이긴 하지만, 실수할 기회를 많이 놓치는 방법이기도 하다. 인생의 큰 기회가 언제 올지는 아무도 모른다. 투자에 늦게 뛰어들었다가 준비가 안 된 상태에서 이런 기회를 맞이할 수도 있고, 더 꾸물대다 아예 놓칠 수도 있다. 실수에 대한 두려움으로 행동을 미루는 건 가장 크고 멍청한 실수다.

실력을 가장 빨리 키우는 방법

실력을 가장 빨리 키우는 방법은 실수를 통해서다. 혹시 실수에 대한 두려움이 없어지지 않는다면, 실수에 따른 책임이 너무 큰 상황은 아닌지 생각해보길 바란다. 본인이 실패를 감당할 수 없는 만큼의 액수로 투자하고 있다면 그만큼 실수에 대한 두려움은 커지게 된다. 실수할 확률이 높은 처음에는 실수해도 괜찮은 정도의 돈으로 투자를 하는 것을 추천한다. 적은 돈을 들일수록 저렴한 값으로 값진 경험을 쌓을 수 있다. 갖고 있는 돈을 모두 투자할 필요도 없다. 감당할 수 있는 만큼만 투자하고 남는 돈은 차라리 책을 사는 등 본인의 성장에 투자하는 게 좋다.

성장하기 가장 좋은 환경은 최대한 적은 타격을 받으면서 최대한 많은 실수를 저지를 수 있는 환경이다. 빠르게 투자에 대한 경험과 실력을 기르고 싶다면 최대한 많은 투자 실패를 겪어보는 것이 좋다. 확실한 기회를 잡았다는 생각이 들면 집중해서 투자하는 게 좋지만, 확실한 기회가 아직 보이지 않거나 긴가민가하다면 적은 돈으로 다양한 투자를 시도해보는 게 더 현명하다.

직장인이 투자를 시작하기 가장 좋은 환경이라고 한 것이 이것 때문이다. 직장인은 투자 실수를 많이 겪으면서도 타격은 적게 받을 수 있다. 매달 고정된 현금 흐름이 있기 때문에 꾸준히 투자 시도를 할 수 있고, 그 현금 흐름은 투자 성패 여부와 상관없이 나오기 때문에 투자 실패에 대한 영향도 적게 받는다.

대출이 잘 나온다는 것도 장점이다. 대출은 현금이 다 떨어진 상황에서도 현금 여력을 만들어낼 수 있기 때문에 내가 예측하지 못한 시장 변화에 대한 대응력을 만들어주는 '마지막 카드' 역할을 한다. 투자금이 크지 않은 투자자들에게는 투자금을 늘리는 가장 좋은 수단이기도 하다. 평소에는 월급의 일정 부분을 떼서 꾸준히 투자하며 경험을 쌓다가, 일생일대의 확실한 기회가 보인다면 대출을 통해 집중 투자를 할 수 있다.

투자는 무조건 일찍 시작하는 게 좋다는 것도 비슷한 이유에서다. 나이가 어린 학생이라고 투자를 하지 말라는 법은 없다. 오히려 투자를 시작하기엔 최적의 시기다. 어차피 돈이 별로 없기 때문에 적은 비용으로 다양한 실수를 해볼 수 있다. 아직 일을 하거나 가정을 꾸리지 않았을 시기이기 때문에 책임의 무게도 적다. 실수하고 실패하기 가장 좋은 시기다. 일찍부터 투자를 시작한 사람은 앞으로 남은 인생이 많기 때문에 남들보다 실수해볼 시간도 많고, 실력을 쌓을 시간이 많다. 투자 규모는 별거 아닌 수준이더라도 남들이 투자를 시작할 즈음이 됐을 땐 훨씬 앞선 출발점에서 시작하게 될 것이다.

이제 기본적인 준비는 끝났다. 이 책을 통해 투자에 대해 이해하고, 어느 정도 행동 원칙을 만들고, 다가오는 기회를 잡을 수 있는 행동력까지 구비했다면 실력을 제대로 발휘할 수 있는 전장을 고르는 것만 남았다. 본인에게 맞는 시장을 골라서 경험을 축적할 차례다. 처음부터 큰 성공을 맛볼 수는 없겠지만, 아무 생각 없이 투자에 뛰어들었던 시간들보다는 훨씬 값진 시간을 보내게 될 것이라 장담한다. 투자에 대한 경험이 쌓이는 것과 동시에 멘탈도 점점 단단해질 것이다. 여유로운 마음으로 인생을 길게 보고 본인이 만족하는 투자를 하길 바란다. 결과는 시간이 알려준다. 이제 시간은 여러분의 편이다.

STAGE 1
STAGE 2
STAGE 3◂

What

무엇에
투자해야 할까?

주식 투자

> 주식 시장은 참을성 없는 사람들의 돈을
> 인내심 많은 사람에게 분배하는 장치다.
> _워런 버핏

이 세상에 돈을 투자할 곳은 널렸다. 회사에 투자할 수도 있고, 땅이나 건물 같은 부동산에 투자할 수도 있다. 채권, 외화, 원자재, 희귀금속, 가상자산, 농산물, 미술품에 명품까지 돈으로 살 수 있는 건 모두 투자 대상이다.

그중에서도 투자의 꽃은 회사의 소유권에 투자하는 주식 투자다. 우리가 선택할 수 있는 수많은 투자 수단 중 유일하게 스스로 살아서 가치를 창출하는 자산이다. 주식에 투자한다는 것은 알아서 일하고 알아서 돈을 버는 사람(법인)을 소유하고 그가 버는 돈의 일부를 가져가는 개념이다. 살아 움직이는 다른 회사들과 끊임없이 경쟁하지 않으면 가치를 유지할 수 없기 때문에 경쟁의 요소가 적은 다른 투자 시장에 비해 굉장히 다이내믹한 것이 특징이다. 회사는 우리가 소비하는 상품과 서비스를 생산하고 유통하는 주체이기 때문에 투자를 하지 않는 사람들도 주식 시장에 접근하기가 쉽다. 투자라는 단어를 들었을 때 가장 먼저 떠올리는 게 주식 시장이기도 하다.

나 역시 가장 먼저 시작한 투자가 주식 투자, 그중에서도 국내 주식 투자였다. 2014년 여름 군대를 제대하고 본격적으로 전공수업을 듣기 시작한 나는 슬슬 투자를 시작해봐야겠다는 생각을 하고 있었다. 그러다 중국인들이 우리나라 화장품을 좋아한다는 얘기를 듣고 별생각 없이 여윳돈을 아모레퍼시픽, 한국화장품, 한국화장품제조 등 우리나라 화장품 주식에 투자했다. 초심자의 행운이었는지 사자마자 당시 15%였던 상한가를 거의 일주일 내내 맞았다. 제대로 된 공부도 없이 순전히 운으로 얻은 수익이었다. 2배 정도의 수익을 본 후 무서워서 바로 팔아버렸지만 이때의 경험이 '주식으로 돈을 많이 벌 수도 있겠다'는 생각으로 투자에 재미를 붙이는 계기가 되었다.

물론 그런 행운은 다시 오지 않을 거라는 걸 나도 알고 있었기 때문에 그때부터는 장기적으로 성장할 수밖에 없을 것 같은 회사들에 오랫동안 투자하는 전략을 사용했다. 특히 국내 ERP 시장에서 독점적인 강점을 갖고 있는 더존비즈온을 중심으로 투자했다. 1만 원대에 처음 접한 더존비즈온은 2018년 미국 주식과 가상자산 시장으로 발을 넓히기 전까지 5만 원대까지 상승하며 투자 초보에게 꽤 쏠쏠한 재미를 안겨줬다.

장기적으로 성장할 수밖에 없는 회사의 조건

장기적으로 성장할 수밖에 없는 회사냐 아니냐는 결국 시장 지배력에 달려 있다. 시장 지배력이란 시장을 독점적으로 지배할 수 있는 힘이다. 시장 지배력의 원천은 제품과 서비스의 경쟁력이 될 수도 있고, 특별한 브랜드 파워가 될 수도 있고, 사용자가 이탈하지 않는 네트워크 효과나 정부의 규제 등 진입장벽이 될 수도 있다. 아무리 작은 시장이라고 하더라도 그 범위 안에서 다른 경쟁자가 침투할 수 없는 독점적인 영향력을 행사할 수 있다면 그 회사는 죽지 않고 성장할 수 있다. 어떤 시장의 공고한 지배력을 행사하면서 안정적으로 돈을 벌 수 있는 회사는 그 자금을 바탕으로 다른 시장에 침투해 그 시장에 대한 지배력을 키우면서 안정적으로 성장할 수 있다.

내가 주식을 시작할 당시 더존비즈온에 꾸준하게 투자한 이유 역시 중소기업 ERP 시장에서의 지배력을 바탕으로 대기업, 해외 시장까지 확장할 수 있을 거라고 생각했기 때문이다. 급격히 성장하는 시장이라면 시장 지배력이 더욱 중요하다. 성장하는 시장일수록 경쟁이 극심하기 때문에 점유율을 빼앗기지 않고 시장 성장의 수혜를 받으려면 남들이 따라 할 수 없는 독점적인 영향력이 있어야만 한다.

네이버나 구글, 카카오 같은 기업은 검색, 메시지 등 빠르게 성장하는 분야에서 독점적인 지배력을 행사하며 시장 확대의 수혜를 그대로 받았고, 그 자금을 바탕으로 다른 시장으로 세를 넓혀왔다. 네이버와 구글은 검색 광고 시장을 거의 독점하고 있기 때문에 거기서 얻는 안정적인 자금을 바탕으로 네이버의 경우 쇼핑, 콘텐츠, 구글의 경우 동영상, AI 등 다른 분야에 아낌없이 투자할 수 있었다. 네이버가 쇼핑이나 컨텐츠 분야에서도 검색 광고 분야와 같은 공고한 시장 지배력을 얻는다면 성장 속도는 점점 더 빨라질 수밖에 없다.

시장 지배력을 다른 시장으로 넓혀가는 걸 제일 잘하는 기업은 애플이다. 애플은 컴퓨터 시장 성장의 수혜를 입으며 대기업 반열에 올라선 이후, 디자인과 브랜드 파워, 이탈이 어려운 독자적 생태계 구축을 바탕으로 컴퓨터 시장에 이어 MP3 시장, 휴대폰 시장, 시계 시장, 음향기기 시장 등을 차례로 지배해왔다.

시장 지배력은 영원하지 않다. 시장 지배력의 원천이 되는 경쟁력을 경쟁자가 따라 하기 쉽다면 그 지배력은 금방 빼앗길 수 있다. 마켓컬리 같은 회사는 2014년 신선 식품 새벽 배송을 내세우며 혜성처럼 등장한 이래 엄청나게 성장해왔지만, 그 성장을 눈치챈 다른 유통사들에게 시장 지배력을 조금씩 빼앗기고 있다. 무료 배송과 새벽 배송은 기존 대기업 유통사들이 따라 하기 쉬운 차별점이었기 때문이다. 마켓컬리가 신선 식품과 새벽 배송 시장에서 지배력을 유지하고 있는 동안 진입장벽을 더 공고히 하거나 다음 시장 지배력을 위해 투자하지 않으면 쓱닷컴과 쿠팡 같은 대기업 유통사나 오아시스와 같은 흑자 새벽 배송 기업에 밀려 도태될 수도 있다.

어떻게 보면 우리가 투자를 위해 뉴스를 보는 이유도 시장 지배력의 변동을 파악하기 위해서다. 기업의 장기적인 생존은 그 기업의 시장 지배력에 달려 있는 만큼, 그 힘의 변동 유무가 가장 주요한 관전 포인트다.

어떤 회사가 대규모 계약을 수주했다는 뉴스가 올라왔다고 가정해보자. 이런 좋은 뉴스를 호재, 매수 근거로 보는 사람들도 있지만, 이 계약은 사실 기존 시장 지배력의 결과일 뿐이다. 시장 지배력이 그대로인데 사람들의 관심만 갑자기 많아졌다면 이런 뉴스는 반대로 매도의 근거가 될 수도 있다. 그 대규모 계약으로 인해 시장 지배력이 크게 확대될 여지가 있는지, 아니면 그냥 예정된 결과였을 뿐인지를 파악하는 게 중요하다.

국내 주식 투자의 장점

이 책에서는 주식의 업종별 분석 같은 것은 하지 않는다. 시장 참여자들의 생각과 시장의 상황에 따라 내용이 끊임없이 달라지기 때문에 책으로 소개하기에는 적절하지 않다. 대신 투자자들이 본인의 스타일에 잘 맞는 투자 수단을 찾을 수 있도록 수단 관점으로서의 주식을 소개하려고 한다.

주식 투자는 크게 국내 주식 시장과 해외 주식 시장 2가지로 나눌 수 있다. 전 세계 주식 시장 시가총액의 거의 절반을 뉴욕증권거래소NYSE와 나스닥NASDAQ 등 미국 주식 시장이 차지하고 있기 때문에 규모로만 보면 미국 주식부터 투자를 시작하는 게 자연스럽다. 하지만 언어의 장벽이 있다 보니 대부분 유가 증권 시장이나 코스닥KOSDAQ 등 국내 주식 시장으로 투자에 입문한다. 각각의 장단점이 있기 때문에 어느 한 쪽이 훨씬 낫다고는 할 수 없다. 진입장벽이 그리 높지는 않기 때문에 가능하다면 둘 다 시도해보는 걸 추천한다. 국내 주식의 가장 큰 특징이자 장점은,

1. 공부의 편의성이 좋다.

국내 주식은 거의 모든 자료가 한글로 되어 있다. 어찌보면 한글로 된 자료를 공부한다는 걸 당연하게 여길 수도 있지만, 국내 주식

외 투자를 하다보면 한글 자료만으로 충분한 정보를 얻을 수 있다는 게 얼마나 감사한 일인지 알게 될 것이다. 언어 요소를 빼고서도 우리나라는 투자를 위한 정보 접근성이 좋은 환경이다. 기업공시나 증권사의 기업분석 보고서만으로도 투자에 필요한 기본적인 지식을 쉽게 쌓을 수 있다.

특히 우리나라는 금융감독원에서 제공하는 전자공시시스템*DART*을 통해 주식 시장에서 거래되는 모든 기업의 경영 상태에 대한 정보가 공시된다. 상장 기업뿐만 아니라 비상장된 기업의 정보까지 인터넷을 통해 무료로 열람할 수 있다. 모든 비상장 주식회사의 정보가 있는 것은 아니고 '자산 120억 원 이상, 매출액 100억 원 이상, 종업원 수 100명 이상' 등 일정 조건에 해당하는 외부감사 대상 법인의 정보를 확인할 수 있다. 미국에서도 볼 수 없는 시스템이라며 워런 버핏이 극찬했을 정도로 한국의 기업공시정보에 대한 접근성은 세계 최고 수준이다.

전자공시시스템에서는 재무제표뿐만 아니라 지분구조, 인력구조, 조직개편 등 다양한 정보를 확인할 수 있다. 회계를 모르는 일반 투자자들이라면 정기적으로 공시되는 사업보고서의 2번에 나오는 '사업의 내용' 부분만 확인해도 굉장히 많은 공부를 할 수 있다. 회사 면접을 보려고 할 때 이 부분만 읽어도 준비가 끝나는 수준이다.

금융업계의 거시적인 동향을 보고 싶다면 모든 금융회사의 사업

신한지주 사업보고서

출처: 금융감독원 DART 전자공시시스템

보고서를 열람해 '사업의 내용' 부분을 확인해보면 된다. 자동차 업계의 미래를 보고 싶다면 자동차 회사들의 사업보고서에서 '사업의 내용' 부분을 찾아 읽어보면 된다. 각 회사가 바라보고 있는 업계 현황과 리스크, 미래 전략 방향까지 쉽게 알 수 있다. 줄글로 되어 있기 때문에 읽기도 어렵지 않다. 처음 투자를 시작할 때 신문이나 유튜브만 보면 깊이가 얕은 지식만 얻을 수 있기 때문에 본인이 투자하는 업계 회사들이 내놓는 보고서의 '사업의 내용' 페이지 정도는 잘 챙겨보길 바란다.

2. 미국 주식에 비해 세금 혜택이 많다.

자잘한 세금은 신경 쓰지 않는 게 마음 편하지만, 20%가 넘어가는 세금은 수익률에 무시 못할 영향을 끼치기 때문에 챙길 수 있는 부분은 잘 챙기는 게 좋다. 현재 대주주가 아닌 소규모 투자자들의 국내 주식 양도소득세는 비과세 대상이다. 소액의 증권거래세만 원천징수 방식으로 부담한다. 2023년부터는 연간 5000만 원 이상의 양도소득에 대해서 20%의 양도소득세가 부과되지만, 해외 주식의 경우 연간 250만 원의 양도소득까지만 공제되는 것에 비하면 아주 유리한 조건이다. 1년에 250만 원의 수익은 투자금이 1000만 원 이상만 돼도 금방 넘어가기 때문에 큰 의미가 없지만, 연간 5000만 원의 양도소득 공제는 억대의 투자금을 굴리더라도 꽤나 매력적인 혜택이다.

국내 주식 시장이 갖고 있는 공부의 편의성과 세금 혜택은 분명히 매력적이지만, 이걸로 국내 주식 투자만 고집하기에는 살짝 부족한 수준이다. 미국 주식 시장은 국내 주식 시장과 비교할 수 없을 정도로 규모가 크고 그에 따른 장점도 굉장히 많다. 나 역시 주식 투자 포트폴리오의 대부분을 미국 주식 시장에 투자하고 있다.

미국 주식 투자의 장점

미국 주식 투자의 장점은 내가 원하는 분야에 투자를 할 수 있는 선택지가 크게 넓어진다는 것이다. 국내 주식 투자를 해본 사람이라면 내가 정한 방향성에 맞는 회사를 찾기가 굉장히 힘들다는 걸 느낄 것이다.

예를 들어 인공지능 혹은 VR의 발달에 투자하기로 결정했더라도, 국내 주식 시장에서는 딱히 투자할 만한 회사가 없다. 인공지능 발달을 이끄는 구글, 엔비디아 등은 모두 미국에 상장된 회사다. VR 발달을 이끄는 페이스북과 애플 역시 미국에 상장된 회사다.

반면 우리나라에 상장된 인공지능 관련주, VR 관련주 등을 보면 기술 경쟁력은 없는데 이름만 갖다 붙인 경우가 많다. 국내 주식 시장에서는 테마주라는 이름으로 주식에 온갖 주제를 갖다 붙여 엮는데, 실제로 뜯어보면 전혀 관계가 없는 경우가 허다하다. 워낙 투자할 데가 없다보니 이렇게 조금이라도 관련 있어 보이는 곳에 투기 자금이 갑자기 몰렸다가 빠지기를 반복한다.

손해 보는 건 뉴스 기사만 보고 투자한 투자자들이다. 국내 주식 투자로 돈을 잃는 이유 대부분이 이런 테마주에 대한 환상 때문이다. 방향성은 제대로 설정했으나 수단을 제대로 고르지 못한 경우다.

애초부터 눈먼 초보 투자자들의 심리를 노리고 국내 테마주에 투자하려는 게 아니라면, 항상 투자 고려 범위를 국내에서 전 세계 시장으로 넓혀놓고 생각하는 게 좋다.

미국의 주식 시장은 세계에서 가장 규모가 크다. 뉴욕증권거래소는 전 세계 주식 거래소 시가총액의 30% 이상을 차지하고 있고, 나스닥도 15% 정도를 차지하고 있다. 둘에 비해 훨씬 작은 규모지만 중소기업들이 거래되는 아메리카 증권거래소*NYSE American*도 있다.

사이트 Finviz.com에 들어가면 업종별 등락 상황과 섹터별 기업들의 수익률을 열분포 형식으로 나타낸 히트맵*Heat Map*을 볼 수 있는데, 그 화면이 전 세계 주식 시가총액의 절반이라고 생각하면 된다. 그만큼 세계적인 경쟁력이 있는 회사들과 전 세계의 투자 수요가 미국 주식 시장으로 몰린다.

주식 거래소에 상장된 주식 목록을 쭉 보면 국내 주식 시장에는 세계적인 존재감이 있는 회사가 많지 않은 데 반해 미국 주식 시장에는 한 번쯤 들어봤을 거대한 회사들이 깔려 있다. 오히려 국내보다 미국 시장에 아는 회사가 더 많을 정도다. 국내에 사업 기반을 둔 쿠팡 역시 더 많은 투자 자금을 유치하기 위해 미국에 법인을 두고 국내 주식 시장이 아닌 뉴욕증시에 상장했다.

1. 투자의 방향성이 아직 없는 초보 투자자도 투자할 만한 좋은 ETF나 회사가 많다.

막연히 미국에 투자하고 싶은데 뭐부터 할지 모르겠다면 미국 경제의 신봉자 중 하나인 워런 버핏의 회사 버크셔 해서웨이**BRK. B**가 좋은 시작점이다. 버크셔 해서웨이는 애플, 아마존, 코카콜라, BNSF, 가이코 등 유망한 미국 회사의 지분을 대량으로 보유하고 있기 때문에 하나의 종목만으로 이런 주식들에 간접 투자하는 효과가 있다. 버크셔 해서웨이라는 회사 자체가 하나의 포트폴리오와 같기 때문에 최소한 워런 버핏의 포트폴리오와 같은 속도로 돈을 키우고 싶다면 버크셔 해서웨이에 돈을 투자하는 것도 하나의 방법이다.

2. 배당 제도가 굉장히 활성화되어 있다.

미국 주식 시장은 자본소득을 만들기 좋다. 세계에서 가장 빠르게 성장하는 회사들이 많은 만큼 높은 배당금을 지급하는 안정적인 회사들도 굉장히 많기 때문이다. 배당은 기업이 낸 이익을 재투자하는 것보다 주주들에게 직접 지급하는 게 더 효율적일 경우 많이 시행된다. 그래서 보통 해당 업계의 재투자 가성비가 좋은지 나쁜지에 따라 그 시행 여부와 규모가 정해진다. 빠르게 사업 규모를 키워가는 것이 중요한 IT기업 등 소위 성장주들은 배당을 거의 지급하지 않고, 주로 요식업계, 금융업, 통신업, 석유산업 등 신규 투자가 크게 필요 없거나 대규모의 현금 흐름을 꾸준히 창출할 수 있는 회사들이 배당을 많이 지급한다.

몇 십 년 동안 배당을 한 번도 줄이거나 중단하지 않고 꾸준히 지급하고 있는 회사들이 많다. 오히려 매년 배당 금액을 늘리는 것이 미덕으로 여겨지기 때문에 장기적으로 투자할수록 배당 수익률이 늘어난다. 또 우리나라는 배당을 지급하는 대부분의 회사들이 연 단위 배당, 많으면 연 2회 반기 배당을 시행하고 있는 반면에 미국에서는 1월, 4월, 7월, 10월 혹은 3월, 6월, 9월, 12월 등 분기마다 배당을 지급하는 주식이 흔하다. 심지어 매월 배당을 지급하는 주식도 많다. 포트폴리오를 잘 짜면 매월 배당금이 월급처럼 달러로 지급되는 현금흐름을 만들 수 있다.

이미 회사를 정년퇴직했거나 나이가 있어 리스크 성향이 보수적인 투자자, 시세차익을 얻기보다는 안정적으로 원금을 지키면서 현금 흐름을 만들고 싶어 하는 투자자들에게는 오히려 관리 요소가 많이 들어가는 건물보다 매력적인 선택지다.

미국 배당주 포트폴리오는 미국 주식 관련 책이나 구글에 검색만 해봐도 금방 짤 수 있기 때문에 자세히 설명하지는 않겠지만, 인기가 많은 배당주를 몇 가지 소개하면 버라이즌*VZ*, AT&T*T*, 존슨앤존슨*JNJ*, P&G*PG*, 코카콜라*KO*, 필립모리스*MO*, 엑손모빌*XOM* 등이 있다. 리얼티인컴*O*, 아메리칸 타워*AMT*와 같은 부동산투자신탁(리츠)을 통해 월배당을 받을 수도 있고, 포트폴리오를 짜는 게 귀찮으면 Global X Superdividend U.S. ETF*DIV*와 같은 고배당주 ETF에 투자할 수도 있다. 보통 안정적으로 연 4~5%대 정도의 배당 수익률을 누릴 수 있다.

리츠 중에서는 10% 이상의 아주 높은 배당금을 지급하는 종목들도 꽤 찾을 수 있다. 하지만 무조건 배당 수익률이 높다고 해서 좋은 것은 아니기 때문에 주의해야 한다. 배당금이 높은 종목 중에서는 지급하는 배당만큼 꾸준히 주가가 하락하는, 즉 살을 깎아서 배당을 지급하는 종목이 존재한다. 회사가 위태롭거나 미래에 대한 불확실성이 크기 때문에 배당금이 높은 경우도 있다. 재무제표를 잘 확인해 최소한 배당금을 지급할 정도의 현금 흐름이 꾸준히 나오고 있는지, 현재 회사가 들고 있는 현금성 자산이 2~3년간 배당금을 지급할 수 있는 규모인지 등을 확인하는 것이 좋다. 그래도 혹시 모르니 7% 이상의 높은 배당을 지급하는 주식을 중점적으로 투자할 때는 분산 투자를 많이 해두는 게 좋다. 배당주에 투자하는 전략은 애초에 돈을 벌기보다는 돈을 지키는 데 포인트가 있기 때문에 집중 투자보다는 분산 투자 전략이 훨씬 효과적이다.

3. 국내 주식 시장보다 훨씬 자유로운 느낌이다.

미국 주식 시장의 또 다른 특징은 하루 -30%부터 +30%까지 가격제한폭이 있는 우리나라와 다르게 상한가와 하한가가 없다는 점, 정규장 시간외 거래가 단일가로 이루어지는 우리나라와 다르게 장 시작 전과 장 종료 후에도 활발하게 거래가 이루어진다는 점 등이다. 가격제한폭은 과도한 가격 상승과 하락에서 투자자를 보호한다는 취지의 제도지만 실효성은 별로 없고 오히려 가격 변동을 심화시킨다는 지적도 있다. 시장의 비이성적인 과민반응을 이용하고자하는 입장에서는 오히려 수익의 기회를 많이 제한하는 측면도 있다.

환율은 크게 신경 쓸 필요 없다. 국내 주식과 미국 주식 사이를 왔다 갔다 할 게 아니라면 환율을 고려할 일 자체가 별로 없기 때문이다. 어차피 100% 이상의 수익률을 노리는 장기투자를 하는 만큼 자잘한 환율 타이밍은 무시해도 좋다. 환율을 예측하는 것은 개인 투자자 레벨에서는 의미가 없을뿐더러 타이밍에 집착하다 수익을 놓치는 경우가 더 많기 때문에 좋은 주식을 찾는 것에만 집중하길 바란다.

나는 해외 투자를 하지 않는 특별한 이유가 있는 게 아니라면 꼭 미국 주식 시장으로 발을 넓히는 걸 추천한다. 미국 주식을 보유하거나 미국 주식에서 배당금을 받는다는 것 자체가 달러를 보유하는 효과를 주기 때문이다. 원화와 국내 주식은 세계 경제 충격의 영향에 취약하기 때문에 미국 주식을 통해 원화 자산만 보유하는 것보다 안정적인 포트폴리오를 만들 수 있다.

또 시장을 보는 시각이 국내 주식 시장만 투자하는 것과는 차원이 다르게 넓어진다. 미국 시장에서 벌어지는 일들은 직접적으로든 간접적으로든 우리나라 시장에도 영향을 주기 때문에 절대 무시할 수 없다. 미국 주식 시장에 투자하다 보면 국내 주식이나 부동산만 할 때보다 세계 돈의 거시적인 흐름에 더 관심을 가질 수밖에 없기 때문에 투자를 이해하는 데 있어서 더 도움이 된다.

해외 주식에 대한 정보를 얻는 방법

내가 해외 주식 정보를 얻는 경로는 국내 주식 정보를 얻는 것과 비슷하면서도 다르다. 국내에서는 모든 뉴스가 네이버나 카카오 같은 포털로 통하기 때문에 한눈에 주요 경제, 금융 뉴스를 보기 좋다. 미국에는 단일 포털이라고 할 만한 괜찮은 대안이 없기 때문에 세계에서 가장 큰 커뮤니티인 레딧*Reddit*을 활용한다. 나는 국내 커뮤니티 사이트는 이용하지 않지만 레딧만큼은 매일 애용한다. 전 세계에서 영어를 할 줄 아는 사람이라면 모두 레딧으로 모이기 때문에 그만큼 다양한 뉴스가 빠르게 올라온다.

인터넷이 신문이라면 레딧은 그 신문의 1면이라고 부를 정도다. 레딧은 셀 수 없을 만큼 많은 서브레딧Subreddit으로 나뉘어져 있다. 서브레딧은 주제별로 나눠진 하위 커뮤니티 개념이다. 'r/Futurology' 서브레딧에서는 미래학에 대해 얘기하고, 'r/Blockchain' 서브레딧에서는 블록체인에 대해 얘기하는 식이다. 국내 디씨인사이드의 갤러리 개념과 유사하다. 팔란티어 주식에 대해 얘기하는 'r/PLTR'와 같이 개별 회사에 대한 서브레딧도 존재하고, 테슬라의 안 좋은 뉴스와 약점에 대해서만 얘기하는 'r/RealTesla' 등 한 회사의 다양한 측면에 대한 서브레딧이 다수 존재하기도 한다. 'r/Investing', 'r/Stocks', 'r/WallStreetBets', 'r/PersonalFinance', 'r/fatFIRE' 등 투자에 대한 서브레딧만도 수백 개에 달한다.

레딧은 언론사보다도 빠르게 소식이 올라오는 경우도 많기 때문에 사용법에 익숙해진다면 방대한 양의 정보에 빠르게 접근할 수 있다. 전용 모바일 앱이 가장 사용법이 쉽고, PC환경이 편하다면 사이트 www.reddit.com을 이용해도 좋다. 장기투자 전략을 사용한다면 자주 거래를 할 필요가 없기 때문에 실시간으로 모든 뉴스를 모니터링해야 하는 건 아니지만, 최소한 남들보다 늦지 않게 중요한 소식을 받아 볼 수 있는 좋은 정보의 원천이다.

뉴스를 보고 새로운 주식을 발견하려는 생각은 하지 않는 게 좋다. 미래에 세계가 어떻게 변화할지를 먼저 생각하고, 그 변화의 흐름에 맞게 투자할 주식을 찾는 탑다운 방식으로 투자해야만 가격 변동에 멘탈이 흔들리지 않고 기반이 탄탄한 투자를 할 수 있다. 괜찮아 보이는 종목부터 시작한 투자는 기반이 약한 투자가 되기 쉽다. 좋은 뉴스가 올라온다고 해서 잘 모르는 주식을 덥석 사면 대중심리를 따라가는 꼴이다.

레딧 커뮤니티에 올라오는 글과 뉴스 또한 어디까지나 의견에 불과하다. 국내 주식을 투자할 때와 마찬가지로 뉴스는 미래에 대한 세계관을 형성하는 데 참고만 하면 되고, 해당 주식에 대한 여론을 알아보는 도구 정도로 활용하는 것이 좋다.

영어를 못하는 것이 투자를 망설이는 장애물이 된다면, 구글의 번역 기능을 활용해서라도 영어 자료를 읽길 바란다. 세계적인 기업들과 각국 정부에서 내놓는 보고서들이 대부분 영어로 제작되기 때문에 한글로 된 자료만 공부하는 사람은 영어를 할 수 있는 사람에 비해 공부할 수 있는 범위가 급격하게 줄어든다.

구글 크롬Chrome 브라우저를 쓰면 보고 있는 웹페이지 전체를 자동으로 번역해 볼 수 있다. 번역 품질이 완벽하지는 않지만 없는 것보다는 낫다. 영어 울렁증이 있지만 해외 주식을 하고 싶다면 구글 금융 사이트 www.google.com/finance에서 한글 서비스를 하고 있으니 참고하길 바란다.

주식 투자는 어떤 사람에게 적합할까?

주식 시장은 가장 정석적인 투자 시장이기 때문에 크게 호불호가 갈리지 않는 시장이다. 적은 돈으로도 시작할 수 있어 진입 장벽이 낮고, 시장 변화의 페이스가 빠르지도 느리지도 않은 정도다. 종류에 따라 분야와 리스크 수준이 다양해 본인의 스타일에 따라 노릴 수 있는 선택지의 폭도 넓다. 기본적인 투자 원칙들만 잘 지켜도 쉽게 수익을 볼 수 있기 때문에 투자 초보부터 경험 많은 투자자까지 모든 사람에게 권할 수 있는 투자 수단이다.

사실 투자 수단이 중요한 건 아니다. 투자를 못하는 사람에겐 모든 투자 수단이 다 위험하고, 투자를 잘하는 사람은 어떤 투자 수단으로든 돈을 벌 수 있다. 투자자의 스타일에 따라 잘 맞는 분야가 다르기 때문에 수익률보다는 기호의 개념으로 접근하면 좋을 것 같다.

그럼 주식 시장이 적합하지 않은 투자자도 있을까? 멘탈이 특히 약한 투자자는 주식 투자가 적합하지 않을 수 있다. 본인이 뭘 투자하는지 잘 알고 멘탈도 괜찮다면 주식 투자는 분명히 편하고 효과적인 투자 수단이다. 문제는 '알고 하는 투자'를 하는 사람이 별로 없고, 투자 멘탈이 잘 갖춰진 투자자도 흔치 않다는 것이다.

투자 규모가 커지면 커질수록 멘탈을 이성적으로 유지할 수 있는 사람은 점점 줄어든다. 멘탈이 특히 약하다는 생각이 든다면 주식보다 안정적인 부동산 시장이 좀 더 나은 선택이 될 수 있다. 이런 사람들에게는 거래량이 적고 유동성이 낮은 부동산의 단점이 오히려 장점으로 작용한다. 거래 과정을 느리게 만들어서 비이성적인 판단에 제동을 걸기 때문이다.

클릭 한 번에 쉽게 샀다 팔았다 할 수 있다는 주식 투자의 장점은 비이성적인 투자자들에게는 오히려 독이 된다. 가만히 있으면 될 상황에서도 욕심과 공포심에 휘둘려 불필요한 거래를 하다가 장기적인 수익률을 망치게 된다. 보통 주식 시장의 수익률이 부동산 시장의 수익률을 상회한다고 하지만, 초보 투자자의 경우엔 이런 이유 때문에 주식 투자자의 수익률이 부동산 투자자보다 떨어지는 경우가 많다.

부동산 투자

땅을 사라, 한정판이다.
_마크 트웨인

세계 여러 나라들을 살펴보면 개인 투자자들에게 가장 인기 있는 투자 수단은 단연 주식이다. 수익률도 높고 거래가 쉬워 유동성도 높기 때문이다. 주식 시장에는 안정적인 주식과 모험적인 주식 외에도 여러 주식을 모아 놓은 ETF, 부동산을 간접적으로 소유할 수 있는 리츠, 금이나 원자재를 거래할 수 있는 선물 상품까지 존재하기 때문에 주식 시장을 벗어나지 않아도 대부분의 투자 목표를 달성할 수 있다.

하지만 우리나라 투자자들은 주식보다는 부동산에 대한 사랑이

각별하다. 주식 시장에서 좋은 결과를 내고 있더라도 자산 규모가 커지기 시작하면 부동산 시장으로 넘어가고 싶어 한다. 필요에 의해, 즉 본인이 거주할 주택을 소유하기 위해 그러는 사람도 있고, 안정적인 부동산에 분산 투자하고 싶어 하는 사람도 있다. 단순히 부동산만의 매력에 끌리는 사람들도 많다. 액수가 아무리 커져도 증권 앱 안의 숫자놀이처럼 느껴지는 주식과 달리 실제 눈으로 보고 만질 수 있는 부동산은 투자 규모에 따라 입지와 퀄리티가 눈에 띄게 달라지는 매력이 있기 때문이다. 사회적으로도 주식 부자보다 집이나 건물을 소유한 사람을 더 부러운 눈으로 바라본다. '조물주 위에 건물주'라는 말이 유행하기도 하고, 청소년 장래희망 1위를 차지하기도 한다.

나의 경우 투자를 처음 시작할 때는 부동산에 그렇게 큰 매력을 느끼지 못했다. 건물 임대료를 배당금으로 지급하는 부동산투자신탁인 리츠에는 투자한 적이 있었지만 실제 부동산에 직접 투자하지는 않았다. 투자금이 작아 대부분을 대출로 충당하지 않고서는 부동산을 살 수가 없었기 때문이다. 일단 대출 이자는 자동차 구입과 같이 자본 증식 속도를 늦추는 요소이기 때문에 상당히 꺼려졌다. 또 내 순자산보다 가격이 높은 부동산을 살 경우 사실상 그것 외에 다른 투자를 할 수 없기 때문에, 투자 결과가 좋지 않으면 꼼짝 없이 한 10년 동안 회사에 묶이게 될 수 있었다. 노동 소득 외에 별다른 소득이 없는 상황에서 대출 이자를 감당하기 위해서는 직장생활 밖에 선택지가 없기 때문이다. 그런 시나리오만큼은 피하고 싶었기 때문에 주식 등으로 투자금을 빨리 키워 놓은 다음 포트폴리오에 무리가 가지 않는 선에서 부동산을 매입하기로 계획을 세웠다.

지금은 더 이상 일을 하지 않아도 될 정도로 자산을 키워 놓았기 때문에 부동산을 바라보는 시각이 조금 달라졌다. 예전처럼 포트폴리오의 대부분을 차지할 필요도 없고, 주식이나 가상자산의 가격 흐름과 상관없이 안정적으로 자산을 늘려나가는 분산 효과도 누릴 수 있어서 포트폴리오에 편입하는 걸 고려하고 있다.

주식이나 가상자산의 상승 속도가
부동산보다 빠르다

우리나라에서 부동산 투자는 선택이 아닌 필수로 여겨지고 있다. 모두가 '내가 살 집은 내가 소유해야 한다'는 생각을 갖고 있기 때문에 '살까 말까'보다는 '언제 사야 할까?'의 물음을 던진다. 주택 가격이 꾸준히 오르다보니 '집 한 채는 중립 기어'라며 무주택자를 자극하는 말도 생겨났다.

이런 말은 주택을 사지 않은 사람들에게 상당한 불안감을 주는 말이다. 공급이 제한된 부동산의 가격은 화폐가치 하락에 따라 장기적으로 꾸준히 오를 수밖에 없다는 걸 생각하면, 집을 얼른 사지 않음으로써 집값 하락에 베팅하는 것은 무모한 행위처럼 느껴지기 때문이다. 완전히 틀린 말은 아니다. 본인이 거주할 집 하나는 무조건 소유할 거라고 가정하면 '집 한 채는 중립 기어'라는 말이 성립한다. 평생 집을 소유하지 않고 월세 등으로 주거비용을 충당할 생각이라면 얘기가 조금 다르겠지만, 주택을 언젠가는 반드시 구입해야 할 대상으로 본다면 기다렸다가 사는 것보다 일단 사 놓고 기다리는 게 맞다고 생각할 수 있다.

하지만 마음을 급하게 먹을 필요는 없다. 다른 투자 수단으로 주거비용 상승을 충분히 따라잡을 수 있기 때문이다. 집값은 절대적인 액수가 크기 때문에 굉장히 많이씩 오르는 것처럼 보이지만, 실제로는 주식이나 가상자산의 상승 속도가 부동산보다 빠르다. 국민은행이 발표한 전국 아파트 매매가격 지수는 1986년부터 2017년까지 32년 동안 4.6배 상승했다. 연평균 상승률로 따지면 4.9%다. 그중에서도 서울 강남 아파트 매매가격은 6.0배 상승했다. 연평균 상승률로 보면 5.8%다. 반면 코스피 지수는 같은 기간 동안 15.4배 상승하며 연평균 8.9%의 상승률을 기록했다. 이는 주식 배당이나 전세 이자 수익을 제외하고 가격 상승률만을 따진 수치다. 가장 많이 오른 개별 자산을 비교해봐도 부동산이 주식을 앞서지는 못한다.

대표적인 인기 아파트 압구정 현대아파트가 분양을 시작한 1976년부터 2017년까지 42년 동안 125배 상승한 데에 비해 대표적인 인기 주식 삼성전자는 첫 상장한 1975년부터 2017년까지 1,217배 상승했다.

작년만 해도 집값이 폭등하면서 무주택자들이 곡소리를 냈다지만, 집 살 돈을 다른 곳에 투자한 무주택자들은 오히려 더 이득을 봤다. 2020년 초 네이버나 카카오에 주식을 투자한 사람들은 2021년 여름 현재 기준으로 투자금을 각각 2배와 3배로 불렸다. 비트코인이나 이더리움 등 가상자산에 투자한 사람들은 5배에서 10배 정도의 수익을 봤다. 심지어 이건 폭락을 한 번 맞은 가격이다.

집값 상승으로 곡소리를 내는 건 무주택자들이 아니라 투자 자체를 안 하는 '무투자자'들이다. 그건 부동산이 없는 게 문제가 아니라 투자를 안 하는 게 문제다. 부동산 투자도 안 하는데 주식 투자까지 안 한다면 당연히 뒤처질 수밖에 없다.

부동산 가격은 항상 오늘이 제일 싸다는 말이 있다. 하방경직성이 강하기 때문이다. 그렇다고 무조건 같은 속도로 오르기만 하는 것은 아니다. 주식 시장보다 시장의 페이스가 느릴 뿐이지 부동산 시장도 가격 상승이 더뎌지는 시기가 있다. 다만 부동산 시장의 페이스가 굉장히 길기 때문에 매입 시기를 재는 게 큰 의미가 없을 뿐이다. 부동산 시장을 예측하려고 하기보다는, 부동산 외에 다른 투자 수단의 매도 시기와 맞추는 것이 좋다. 주식이나 가상자산이 급격하게 오르며 상승 여력이 적어지는 상승장에서 익절한 자금을 부동산으로 옮겨 투자하는 식이다. 다른 투자 수단으로 돈을 불리면서 포트폴리오에 큰 부담을 주지 않는 선에서 부동산을 매입할 수 있는 자금이 모였다면 언제 투자하든 큰 손해를 볼 일은 없다.

매수 우위 분위기는 순식간에 바뀔 수 있다

주택의 수요와 공급 측면에서 궁극적으로 가장 중요한 변수는 공급이다. 하지만 주택의 공급은 굉장히 비탄력적이기 때문에 장기적으로는 공급이 중요하더라도 중단기적으로는 공급이 고정된 상태로 수요에 따라 시장이 좌우되는 경우가 많다. 부동산 수요를 주로 움직이는 건 정부의 규제 기조다. 부동산은 재산세와 종합부동산세 등 보유에 따르는 비용이 크고 취득세, 양도세, 중개수수료 등 거래에 따르는 비용도 굉장히 크다. 그래서 이 세금의 규모를 조절할 수 있는 정부의 입김이 시장에 큰 영향을 끼친다.

'진보 정권에서는 부동산 가격이 오르고, 보수 정권에서는 부동산 가격이 떨어진다'는 말을 들어본 적이 있을 것이다. 주택가격 통계를 보면 진보 정치인이 정권을 잡았을 때 보수 정치인이 정권을 잡았을 때보다 주택가격이 많이 상승한다. 25평 기준 서울의 아파트 가격은 김대중 정부에서 73%, 노무현 정부에서 94%, 문재인 정부에서 80% 이상 상승했다. 이명박 정부에서 서울 아파트값이 오히려 13% 하락하고 박근혜 정부에서는 27% 상승한 것에 비하면 확연한 차이다.

이는 보통 진보 정권에서는 시장에 대한 규제가 강해지고 보수 정권에서는 시장에 대한 규제가 유해지기 때문이다. 종합부동산세와 다주택자 세금 강화, 투기과열지구 확대, 주택담보대출비율LTV과 금융부채 상환 능력을 소득으로 따져 대출한도를 정하는 비율DTI 조정 등 규제의 강화는 시장의 불확실성을 키우는 요소다. 시간이 갈수록 점점 규제가 강해질 거라는 전망이 생기면, 가까운 미래에 주택이 필요한 사람들은 하루라도 빨리 주택을 구입해야 한다고 생각하게 된다. 미래의 수요가 현재로 당겨지는 것이다. 원래라면 1년 뒤에 집을 사려고 했을 사람도 허겁지겁 주택을 사게 되고 5년 뒤에 집이 필요할 사람도 미리 주택을 구입하는 걸 고민하게 된다.

지금 부동산 시장은 규제에 양적완화까지 겹쳐 주택 공급 대비 수요가 엄청나게 강한 시기다. 화폐가치 하락으로 인한 가격 상승 압력과 저금리 기조, 점점 강력해지는 부동산 대책이 시장에 불을 붙였다. 40대부터 30대, 사회초년생인 20대 후반까지 가진 돈과 신용을 영끌해 주택을 사고 있다. 예전이었다면 아무도 사고 싶어 하지 않았을, 그리 매력적이지 않은 주택까지 몇 억 원씩 가격이 오르는 상황이다.

바다 건너 미국에서도 상황은 비슷하다. 2007년 부동산 버블이 터지기 전보다 빠르게 집값이 상승하고 있다. 한국과 달리 규제 요소는 크지 않지만, 저금리 및 양적완화와 함께 인구가 많은 밀레니얼 세대의 주택 구입, 월 스트릿의 대규모 부동산 매입 등 여러 가지 수요 증가 요소가 겹쳤다.

반면 신규 주택 공급은 부동산 버블 붕괴 이후 많이 줄어들어 부족한 상태다. 뱅크오브아메리카에 따르면 2020년 기준 사회 초년생들이 첫 주택으로 삼을 만한 가격대의 신규 주택 공급은 40년 전과 비교했을 때 1/5도 되지 않는 6만 5000개에 불과했다. 이런 공급 부족은 앞으로도 몇 년간 이어질 전망이다. 자산 가격의 전방위적인 상승으로 인한 포모 현상도 한몫했다. 집값이 급격히 오르다보니 집을 사는 것보다 집을 사지 않는 게 더 불안하게 된 상황이다.

전 세계적으로 급격한 집값 상승 추세가 지속되고 있지만, 이런 속도의 상승이 멈추지 않을 거라고 단언할 수는 없다. 미래의 수요를 현재로 무한정 당겨올 수는 없기 때문이다. 부동산 시장은 공급을 빠르게 늘리기 어려워 급격한 수요 증가에 대응할 수 없지만, 반대로 공급을 줄이기도 어려워 수요의 공백 역시 대응할 수 없다. 주택에 대한 수요는 무한하지 않다. 지금 몰리는 수요가 언젠가 수요의 공백으로 돌아올 수 있다. 5년 내에 집을 사야 하는 사람들이 올해 한꺼번에 집을 샀다고 생각해보자. 규제를 더욱 강화해 더 먼 미래의 수요까지 당겨오지 않는다면 향후 5년간은 주택 구입에 대한 수요가 약해질 수 있다. 집이 꼭 필요한 사람은 벌써 다 샀기 때문이다.

2023년부터 본격적으로 신규 주택 공급 물량이 풀리기 시작하고, 정권이 바뀌면서 규제 기조가 갑자기 완화로 돌아선다면 매수 우위 분위기는 순식간에 시들해질 수 있다. 시간이 갈수록 규제가 풀어지고 공급이 많아질 거라는 생각이 들면 사람들은 주택 구입을 미루게 된다. 지금 당장 집이 필요한 사람이 아니라면 굳이 지금 살 필요가 없다고 생각하기 때문이다. 결과적으로 규제가 점점 강해질 때와 반대로 현재의 수요가 미래로 분산된다. 수요가 적어진다고 이제 와서 주택 공급을 줄일 수 있는 것은 아니기 때문에 그때부터 주택 가격은 하방 압력을 받게 된다.

가격이 떨어지지 않는다고
투자 매력이 떨어지지 않는다는 뜻은 아니다

이런 시기에는 묻지마 매입보다는 수요가 잘 줄어들지 않을 입지를 고르는 게 중요하다. 모두가 살고 싶어 하는 강남과 같이 수요의 공백이 잘 생기지 않는 인기 지역은 가격이 떨어질 확률이 적겠지만, 원래 비인기 지역이었던 곳의 부동산은 특히 투자를 조심해야 한다. 수요가 적은 만큼 하락할 때의 변동성도 더 크기 때문이다.

우리나라 사람이라면 모두 너나 할 것 없이 부동산을 사랑하지만, 그중에서도 수도권, 특히 서울을 향한 열기는 남다르다. 잠깐의 유행이 아니다. 조선시대 후기 인물인 다산 정약용은 아들에게 보내는 편지에서 '절대 한양 사대문 밖을 벗어나지 말 것'을 강조했고, 1960년대에 주한 미국 대사관을 지낸 그레고리 헨더슨*Gregory Henderson*은 본인의 저서에서 '파리가 곧 프랑스이듯이, 서울도 단순히 대한민국 최대 도시가 아니라 대한민국 그 자체'라고 서울에 대한 생각을 밝혔다. 서울이 대한민국에서 단순히 수도 이상의 특별한 지위를 누리는 만큼, 서울에 위치한 부동산 역시 대한민국 투자 시장에서 아주 특별한 지위를 누리고 있다. 강남의 부동산 시장과 강남을 제외한 서울의 부동산 시장, 서울이 아닌 부동산 시장은 각기 다른 시장이라고 봐도 될 정도로 그 성격이 다르다.

한국고용정보원의 조사에 따르면 전국 시군구의 46%가 30년 뒤에 자치단체의 기능을 상실할 수 있는 소멸 위험지역이다. 서울과 같은 대도시를 빼고는 수요 감소에 대한 리스크가 매우 크다. 지금은 주택에 대한 수요가 몰리면서 모든 집값이 오르고 있지만, 가격이 급격하게 올라간 만큼 투자 매력이 많이 떨어지는 곳들도 많다는 걸 생각해야 한다.

급격한 상승으로 투자 매력이 떨어진 건 주택뿐 아니라 상업용 건물도 비슷하다. 빌딩 가격이 치솟으면서 100억 원 이하 꼬마빌딩은 귀한 매물이 됐고 50억 원 이하 소위 '꼬꼬마빌딩'은 아예 자취를 감추다시피 했다. 주택과 똑같은 수요 과다, 공급 부족 현상이다.

건물 가격이 오르면 건물가 대비 임대료의 수익률은 점점 떨어진다. 괜찮은 위치의 빌딩들은 임대수익률이 2%대로 떨어졌다. 주식 시장에서는 배당주 포트폴리오를 통해 건물 관리 같은 귀찮은 일 없이도 연 5%대의 배당금을 받을 수 있다는 걸 생각하면 형편없는 수익률이다. 건물의 임대수익이 2%대까지 떨어졌다는 건 대출 이자를 충당할 정도의 수익률만 나오면 구입할 의사가 있는 사람들이 많다는 뜻이다. 더 쉽게 말하면 임대수익보다는 시세 차익을 노리고 들어온 투자 수요가 많다는 얘기다.

하지만 여기서 가격이 더 오른다는 건 임대수익률이 대출 이자도 못 낼 수준까지 내려간다는 뜻이기 때문에, 이런 매수세가 장기적으로 이어질 수 있을지는 미지수다. 낮아질 만큼 낮아진 금리가 다시 비싸질 수 있는 가능성도 주요 변수다. 임대수익은 그대로인데 금리만 높아진다면 빌딩의 투자 수요는 떨어질 수밖에 없기 때문에 상업용 건물도 투자를 신중히 결정해야 하는 시기다.

부동산 투자의 장점이 단점이 되기도 한다

안정적인 가격 상승만 놓고 본다면 부동산은 최고의 투자 수단이다. 가격이 잘 떨어지지 않고 오르기만 하기 때문이다. 부동산 시장의 역사를 보면 90% 이상은 가격이 올랐고 가격이 떨어진 시기는 10%도 되지 않는다. 손해 볼 일은 거의 없고 이득만 본다니 '바로 내가 찾던 투자 수단이다!'라고 생각할 수 있다.

　하지만 여기에도 함정은 있다. 극단적인 하방경직성의 대가는 바로 유동성이다. 가격이 떨어지지 않는다고 투자 매력이 떨어지지 않는다는 뜻은 아니다. 부동산도 주식이나 가상자산 등에 비해 투자 매력이 떨어지는 때가 있다. 다만 우리나라 사람들은 돈이 급해서 급매를 해야 하는 상황이 아니라면, 절대 부동산을 자기가 산 가격보다 낮은 가격에 팔지 않는다. 세금과 중개수수료 등 거래 비용도 굉장히 크기 때문에 본인이 원하는 가격이 나오지 않으면 굳이 팔지 않고 '존버'한다. 어차피 시간이 지나면 언젠가는 오를 거라는 걸 알기 때문이다. 투자 매력이 떨어져 더 이상 예전 가격에 사려는 사람이 없더라도, 본인이 산 가격보다 낮은 가격에 팔려는 사람도 없다보니 그냥 거래가 아예 안 되고 만다.

　낮은 유동성에서는 무시할 수 없는 기회비용이 발생한다. 가격 상승 동력이 떨어진 부동산은 몇 년간 가격이 지지부진하거나 심지어 몇 년간 거래가 안 되는 경우도 있다. 다른 투자 수단에 전혀 관심이 없는 수동적인 투자자라면 별문제가 아니라고 생각할 수 있지만, 적극적인 투자자의 입장에서 큰돈이 장기간 묶인다는 건 굉장히 큰 단점이다. 돈이 묶인 기간에 그 돈을 주식이나 가상자산 등 다른 시장에 투자했다면 벌 수 있었던 돈을 모두 포기해야 하는 것이다.

일단 한 번 부동산을 사고 나면 수익률이나 유동성이 더 좋은 투자 수단이 나타나더라도 바로 옮겨가기 정말 어렵다. 그래서 부동산 투자를 결정할 때는 안정성과 수익률보다는 유동성, 환금성을 잘 고려해야 한다. 어차피 안정성과 수익률은 어느 정도 보장되기 때문에 거래가 활발하게 이루어지는지, 내가 원할 때 몇 개월 안에 팔 수 있는지가 중요하다. 아파트 형태의 주택에 가격 프리미엄이 붙는 것도 빌라 등에 비해 거래가 잘되어 환금성이 좋기 때문이다.

만약 본인이 투자에 관심이 없는 무주택자라면 최대한 빨리 부동산을 사는 게 좋다. 부동산은 앞으로도 계속 오를 확률이 높기 때문에, 다른 투자 수단으로든 사업 소득으로든 주택 가격 상승률을 따라잡을 자신이 없다면 부동산이 합리적인 선택이다.

하지만 투자 공부를 꾸준히 하고 주식 등 수익률이 높은 투자 수단에 적극적으로 투자하는 투자자라면, 부동산은 자산 포트폴리오의 50% 이하로 보유하는 것이 좋다. 자산의 50%로 살 수 있는 부동산이 없다면 자산이 성장할 때까지 미루는 게 좋다. 부동산이 포트폴리오의 50% 이상을 차지한다면 안정성과 수익률은 어느 정도 챙길 수 있겠지만, 몇 년간 그만큼의 유동성을 포기해야 하기 때문에 오히려 포트폴리오 전체 수익률이 부동산에 묶여버릴 수도 있다.

특히 레버리지까지 동원해 본인의 자산 대부분을 부동산에 투자한 소위 '영끌' 투자자는 부동산 투자가 오히려 경제적 자유를 멀어지게 만드는 경우도 있다.

큰 액수의 레버리지를 일으킬 수 있다는 건 원래 부동산 투자의 가장 큰 장점으로 꼽히는 것 중 하나다. 부동산 가격 전체를 현금으로 준비하지 않아도 쉽게 담보대출을 받아 구입할 수 있고, 부동산 자체의 수익률은 낮더라도 레버리지 효과로 인해 실질적인 투자금 대비 수익률은 훨씬 커지기 때문이다.

하지만 반대로 투자 실적이 그렇게 좋지 않을 경우에 받게 되는 타격도 크다. 우리는 심리적으로 주택에 레버리지를 사용하는 것을 그렇게 위험하게 느끼지 않는다. 주식을 살 때는 살짝 부담스러운 30~40% 정도의 레버리지율이 주택을 살 때는 굉장히 안정적으로 느껴지고, 굉장히 위험한 수준인 70~80%의 레버리지율도 건물 투자에서는 흔하게 볼 수 있다. 실제 리스크를 과소평가하게 될 수도 있는 심리적 위험요소다.

집 때문에 다른 투자를 포기하지 마라

모든 투자 수단이 그렇듯이 아무리 부동산이라도 옥석 구별 없이 무작정 레버리지 투자에 뛰어들면 피해를 볼 수도 있다. 가격이 떨어지지는 않더라도 몇 년간 아예 거래가 안 되거나 지지부진한 가격 흐름을 보일 수 있다. 높은 가격에 되팔기 전까지 대출 이자를 내며 산 부동산은 오히려 손해다. 레버리지 규모가 클수록 고정적으로 지불해야 하는 현금 흐름도 커지기 때문에 무조건 높은 레버리지가 좋다고 생각해서는 안 된다. 빚을 내 산 부동산의 가격이 크게 올라 수억 원의 시세차익을 보며 매도했다면 실제 투자금 대비 굉장히 좋은 투자가 되겠지만, 그렇지 않을 경우 평생 부동산에 묶여서 대출 이자만 내며 살아야 할 수도 있다.

개인적으로 주거비용이 투자에 지장을 주는 포트폴리오는 피해야 한다고 생각한다. 본인이 살 집을 사기 위해 다른 투자 수단을 모두 포기한 '유주택 무투자자'가 이런 경우다. 본인이 실거주하는 주택은 진정한 투자의 개념으로는 볼 수 없다. 마음껏 사고팔기 어려울 뿐더러, 집값이 올라 순자산이 증가하더라도 그 집을 팔지 않고 계속 거주한다면 주거비용도 같이 올라가기 때문이다.

주택의 매매가가 올라가면 그 주택의 월세 시세 역시 따라 올라간다. 매매가 30억 원인 본인 소유 아파트에 사는 사람을 얼핏 보면 주거비용이 들지 않는 것 같지만, 이는 기회비용을 누락한 계산이다. 30억 원짜리 아파트에 사는 사람은 실제로는 30억 원어치 자산에서 나오는 현금 흐름만큼을 주거비용으로 지불하고 있는 것이다. 그 아파트의 월세 시세가 보증금 1억에 월세 500만 원이라면 그만큼이 그 사람의 주거비용이다. 주택이 본인의 포트폴리오 대부분을 차지하는 사람의 경우 본의 아니게 주거비용에 과소비를 하는 셈이 될 수도 있다. 본인 거주 주택 외 진정한 투자 개념의 부동산 투자를 하는 게 아니라면, 주식이나 가상자산 등 부동산 시장 바깥에서 자금을 굴릴 수 있는 여력을 꼭 만들어 두는 것이 좋다. 그런 여력이 없다면 본인이 가진 현금흐름에 맞는 적절한 주거비용을 지불하고 있는지 계산해보자. 본인이 과도한 주거비용을 지불하고 있는 것 같다면 그 집은 차라리 다른 사람에게 월세를 주고 주거비용이 조금 덜 드는 곳으로 옮기는 것이 좋다.

부동산 투자는 어떤 사람에게 적합할까?

본인의 성향이 '파이어'족에 가깝다면, 부동산 투자는 자산 규모가 커질 때까지 잠시 미루는 게 좋다. 파이어 *FIRE, Financial Independence, Retire Early*는 금융 소득 등 노동력이 들지 않는 현금 흐름을 노동 소득만큼으로 늘려 최대한 빨리 노동에서 벗어나고자 하는 전략이다. 리스크를 어느 정도 감수하고서라도 최대한 빠르게 자산 규모를 늘릴 수 있는 수익률을 원한다면 굳이 상대적으로 시장 페이스가 느린 부동산을 먼저 고를 필요는 없다. 대출을 끼는 부동산 투자 특성상 대출 이자가 현금 흐름을 가로막기도 한다. 임대수익률이 낮은 요즘 부동산은 현금 흐름을 많이 창출하는 자산은 아니기 때문에 높은 배당을 지급하는 고배당주 등 더 좋은 옵션이 많다.

반대로 본인의 성향이 '몸테크'족에 가깝다면, 부동산은 아주 좋은 투자의 시작점이다. 몸테크 전략은 몸의 불편을 감수하고 레버리지를 일으켜 낡은 아파트를 매입해 시세 차익을 노리는 전략이다.

낡은 아파트는 곰팡이, 녹물, 소음, 외풍 등의 이유로 거주 매력이 떨어져 가격이 낮고, 정비사업 추진에 따른 입주권이나 시세차익을 기대할 수 있기 때문에 투자 매력도가 높다. 다만 열악한 주거 환경을 몸으로 버티고 월급 등 노동 소득으로 대출 이자를 감당해야 한다. 별다른 투자 공부나 의사결정 없이 몸으로 때워 수익을 얻는 전략이기 때문에 '몸테크'라는 말이 붙었다.

주택이 없으면 마음이 불안하고, 하락에 대한 투자 스트레스가 크고, 몇 년간 노동 소득을 만들어야 하는 것에 개의치 않고, 장시간이 소요되더라도 확실하게 자산을 키우길 원하는 사람이라면 가장 먼저 부동산에 투자할 것을 추천한다.

정리하자면 부동산은 역동성을 포기하고 안정성을 취하는 투자수단이다. 주식에 비해 우월하다거나 열등하다고 말할 수는 없다. 수익률이나 유동성, 시장의 페이스 등 다양한 면에서 차이가 있기 때문에 투자자 각각의 투자 성향 혹은 지향점에 따라 매력이 결정된다고 볼 수 있다. 사람마다 적절한 부동산 투자 시기에 대한 정답이 다를 수 있다는 것이다.

앞 예시는 극단적인 지향점 두 가지를 소개한 것이기 때문에 잘 와닿지 않을 수도 있다. 대부분의 투자자는 양극단이 아니라 그 사이의 스펙트럼 어딘가에 있겠지만, 본인이 어느 쪽에 조금이라도 더 가까운지, 우선순위를 무엇에 두는지 고민을 해보고 나면 부동산 투자를 결정하는 데 어느 정도 도움이 될 것이다.

가상자산 투자

인터넷은 정부의 기능을 하나둘씩 대체하는 거대한 힘으로 발전할 것이다.
그중에서도 지금은 없지만 조만간 등장할 기능은 바로
믿을 수 있는 전자화폐(e-cash)다.
_밀턴 프리드먼, 1999년

기존에 일반인 투자자들이 선택할 수 있는 투자 수단은 대체로 주식 투자와 부동산 투자 두 가지 뿐이었다. 그러다 2009년부터 완전히 새로운 투자 수단이 생겨났다. 가상자산에 대한 투자다. 가상자산은 실물 없이 인터넷 속에만 존재하는 자산이다. 그전까지의 모든 투자 시장은 실물로 존재하는 것들에 대한 투자였다. 부동산이나 원자재, 희귀금속 등 손으로 만질 수 있는 물건은 물론이고, 주식 시장 뒤에도 어딘가에 실제로 일하는 사람과 사무실이 존재한다. 현금이나 주식 거래의 디지털화도 실물 자산 거래의 편의를 위한 것이었지 오로지 인터넷 속에만 존재하는 자산은 아니었다. 가상자산이 나온 이후부터 진정한 디지털 세계의 자산에 대한 투자 수단이 생겨난 것이다. 가상자산 시장은 역사가 짧아 아직 많은 사람들에게 익숙하지 않기 때문에, 시장의 특성을 얘기하기 전에 먼저 기본적인 내용을 간단하게 설명하려고 한다.

원래 디지털 공간에는 희소성이라는 개념이 없다. 디지털 공간에서는 모든 걸 복사할 수 있기 때문이다. 온라인 게임 등 통제된 공간 속에서는 희소한 '아이템'들이 존재해 왔지만, 통제 주체인 게임 제작자는 마음만 먹으면 얼마든지 그 아이템을 복사할 수 있다.

실제로 한 국내 게임업체가 서비스하는 '던전앤파이터'라는 게임의 운영자가 권한 남용으로 고가의 아이템을 복제해 현금을 받고 판매한 사실이 드러나면서 큰 파문이 인 적이 있었다. 게임을 플레이하는 사용자들이 희소한 아이템을 정말 희소하다고 믿기 위해서는 게임 제작사를 완벽히 신뢰해야 한다는 전제조건이 있다. 희소성을 구현하기 위해서 신뢰의 중앙화 문제가 생길 수밖에 없는 것이다.

하지만 지금은 블록체인 기술을 통해 누구나 디지털 공간에서 탈중앙화된 희소성을 구현할 수 있게 됐다. 블록체인 기술의 기본 개념은 모두에게 공개된 오픈소스*Open Source* 소프트웨어를 통해 중앙화된 신뢰 구조를 탈중앙화해서 누구도 신뢰할 필요가 없도록 만든다는 것이다. 전 세계 모두가 지금 합의된 코드 프로토콜을 바꾸기로 합의하지 않는 이상 누구도 이를 마음대로 조작할 수 없기 때문에 블록체인 네트워크상의 희소한 가상자산은 마치 실제 만질 수 있는 물건처럼 정말로 희소하다.

조작할 수 없는 희소성을 바탕으로 한 디지털 자산의 첫 시작은 '비트코인'이다. 비트코인은 '사토시 나카모토'라는 의문의 인물 또는 단체가 수십 년간 이어져온 암호학 연구를 종합해 블록체인 기술을 활용한 탈중앙화 거래 네트워크를 구현해 발표한 것이다. 비트코인 프로그램이 배포되고 실제로 작동하는 것을 확인한 사토시 나카모토는 갑자기 사라져 그 이후 한 번도 모습을 드러내지 않았다.

코드가 모두에게 공개된 오픈소스 프로그램인 비트코인은 누군가의 소유가 아니다. 정부나 특정 회사, 심지어 사토시 나카모토도 마음대로 움직이거나 조작할 수 없는 하나의 P2P 네트워크다. 모든 작동 방식은 비트코인 프로토콜에 따라 정해지며, 이 프로토콜의 변경은 네트워크에 참여하는 컴퓨터들의 지지를 얻어야만 가능하다. 비트코인 프로토콜의 혁신성은 거래상에서 필수요소였던 '믿을 수 있는 제3자'를 없애버렸다는 것이다. 하나의 제3자가 거래 장부를 관리하는 것이 아니라, 모든 사람들의 모든 거래가 기록된 공동 장부의 복사본을 모두가 공동으로 관리한다. 장부를 조작하려면 전 세계 비트코인 네트워크에 참여하는 컴퓨터의 과반수를 한 번에 조작해야 하는 구조다.

비트코인의 역사가 이제 12년이 되었지만, 나는 회사 연수원에 있던 2017년 말에서야 가상자산을 처음 접했다. 내가 잘 모르는 분야라 투자를 하진 못했는데 당시 주변에 가상자산 투자를 하는 사람들이 정말 많았다. 뉴스에는 가상화폐 버블이라는 말이 계속 나왔다. 앞서 말했듯이 보통 버블은 당대에 가장 빠르게 성장하고 유망한 혹은 가장 안전하고 매력적인 분야에 생긴다. 닷컴 버블도 그랬고 부동산 버블도 그랬다.

가상화폐와 가상자산이 뭐길래 버블이라는 얘기까지 나오나 싶어 열기가 조금 가라앉은 2018년부터 본격적으로 공부를 하기 시작했다. 가상자산에 대해 공부하는 것에 대한 주변 사람들의 반응은 "그거 아직 있어?", "그거 망했어. 쳐다보지 마" 정도였다.

내가 공부한 내용과 달라 좀 더 자세히 물어보니, 제대로 아는 것 같은 사람이 한 명도 없었다. 얕게나마 공부한 내가 주변에서 비트코인에 대해 제일 잘 알 정도였다. 이 정도의 가능성을 지닌 기술이 있는데 모두가 관심을 잃고 거부 반응을 보이고 있다니, 확실한 저평가라는 생각이 들었다. 비트코인 개당 가격이 몇 백만 원 수준이었을 때였다.

비트코인의 가치는 어디서 나올까?

비트코인은 어디까지나 실체가 없는 코드일 뿐이고, 뭔가 생산해내는 자산도 아니다. 그렇다면 비트코인의 가치는 어디서 나오는 걸까? 비트코인은 내재가치가 없다는 면에서 달러와, 생산가치가 없다는 면에서 금과 비슷하다. 달러와 금의 가치가 어디서 나오는지를 생각해보면 비트코인의 가치가 어디서 나오는지 가늠해볼 수 있다.

달러는 미국이 금본위제를 없앤 1970년대 이후로 명목화폐*Fiat Currency*가 되었다. 명목화폐란 내재가치가 없는 화폐라는 뜻이다. 달러 자체에는 내재가치가 없지만, 미국이라는 나라의 권위와 신임도에서 그 가치가 나온다. 아직까지 달러의 지위가 유지되고 있는 이유는 오로지 미국의 국력과 무력 때문이다. 금을 기본으로 하는 금본위제가 아니라 핵무기를 기반으로 하는 핵본위제인 셈이다.

금 역시 실질적인 내재가치는 거의 없다. 금이 산업적인 용도로 쓰이기 시작한지도 얼마 되지 않았고, 대부분이 가치 저장 수단으로 쓰인다. 워런 버핏이 이런 말을 했다.

"내가 금에 투자하지 않는 이유는 실제 뭔가를 생산해내는 자산이 아니기 때문이다. 금의 가격이 오르려면 금을 살려는 사람이 금을 팔려는 사람보다 많아야만 가능하다."

금은 생산가치가 없고 오로지 사람들의 가치 판단에 따라 가격이 움직인다는 것이다. 달러와 금은 사람들이 가치가 있다고 믿기 때문에 가치가 있다. 일종의 신뢰 네트워크라고 할 수 있다.

달러와 금, 비트코인의 가치 중 많은 부분은 네트워크에 참여하는 사람들이 많을수록 네트워크의 가치가 기하급수적으로 커지는 '네트워크 효과*Network Effect*'를 통해 설명할 수 있다. 네트워크 효과는 SNS 기업의 가치를 평가할 때도 많이 사용된다. 누군가 페이스북이나 카카오톡의 코드를 똑같이 베껴서 가져온다고 해도 그 코드는 가치가 없다. 사용하는 사람이 없기 때문이다.

결국 가치가 생기고 커지려면 사용하는 사람들이 있어야 하고 그 수가 늘어나야 한다. 전 세계 사람들이 미국이라는 국가를 신뢰하기 때문에 달러가 그만한 가치가 있는 것이고, 반대로 베네수엘라의 화폐인 볼리바르는 베네수엘라가 신뢰도를 빠르게 잃기 때문에 환율이 기하급수적으로 상승하는 것이다. 비트코인 역시 비트코인을 신뢰하는 사람들이 꾸준히 증가함에 따라 12년째 가치의 규모를 키워오고 있다. 차이가 있다면 달러는 신뢰의 기반이 미국이라는 국가이고, 비트코인은 코드라는 것이다.

비트코인의 가치를 유지하게 해주는 또 다른 특징은 희소성이다. 비트코인은 달러를 무제한으로 찍어낼 수 있는 지금의 화폐 구조에 반발해 나왔기 때문에 설계 단계부터 마음대로 공급을 늘릴 수 없도록 만들었다. 비트코인에 희소성이 생기는 이유는,

1. 만들기가 어렵다.

비트코인은 약 10분에 한 번씩 그간의 거래를 하나의 블록으로 묶어 블록체인에 기록하는데, 블록의 해시값을 가장 먼저 찾은 사람에게 채굴 보상을 지급한다. 그 채굴 보상이 유일한 신규 공급량이다. 돈이라는 게 누군가의 노동력을 저장하는 개념인 것처럼, 비트코인은 소모된 에너지를 저장하는 개념이다. 금을 채굴하려면 노동력을 투입해야 하듯이, 비트코인을 채굴하려면 연산력, 즉 컴퓨터의 노동력을 투입해야 한다. 일반적인 PC나 스마트폰 정도의 연산력으로는 어림도 없다. 해시값을 찾는 과정은 비밀번호를 000000부터 999999까지 다 대입해보는 방식과 비슷하다. 사실상 복권을 긁는 행위와 같다. 비트코인 프로토콜은 전 세계 채굴자들 중 첫 당첨자가 나오는 데 약 10분 정도가 소요되도록 수시로 채굴 난이도를 조절한다. 비트코인 채굴 네트워크의 규모를 생각해보면 확률이 어마어마하게 낮다는 뜻이다.

전 세계에 분산된 비트코인 채굴 네트워크는 1년에 거의 140TWh*테라와트시*를 사용한다. 우리나라 전력 사용량의 30% 정도, 웬만한 나라의 1년 전력 사용량과 같다. 전기 사용량이 많다는 것은 비트코인의 가치를 유지하게 해주는 이유이기도 하다. 채굴증명이 증명력을 발휘하는 이유는 비트코인의 선구자 중 하나인 닉 사보*Nicholas Szabo*가 말한 것처럼 '위조할 수 없는 높은 생산비용*unforgeable* *costliness*' 때문이다. 10년 전에는 비트코인 네트워크가 훨씬 작고 전력 사용량도 적었지만, 그만큼 네트워크의 힘도 약했다. 그 당시에 누군가가 지금의 대규모 채굴장 같은 걸 만들었다면, 그 사람 혼자 모든 비트코인 채굴을 독점할 수 있었을 것이다. 지금은 그때와 비교할 수 없을 만큼 전기를 많이 쓰긴 하지만, 그만큼 네트워크의 안정성도 강하다. 웬만큼 전기를 소비해서는 네트워크에 큰 영향을 끼치기가 어렵기 때문이다. 네트워크를 공격하는 걸 비경제적으로 만드는 것만큼 네트워크를 효과적으로 보호하는 건 없다. 비트코인의 전기 사용량이 비트코인 네트워크를 보호하는 방어막이 되어주는 셈이다.

2. 공급량이 유한하다.

이 세상에 존재할 수 있는 비트코인의 개수는 2100만 개로 정해져 있다. 지구상에 존재하는 금 또는 부동산의 공급량이 정해진 것처럼 비트코인의 공급량도 2100만 개에서 더 이상 늘릴 수 없다. 2100만 개가 채굴된 후부터는 신규 공급이 이루어지지 않는다. 비트코인의 수요가 점점 늘어나도 공급이 제한된 속도로 늘거나 더 이상 늘지 않는다면 자연스럽게 개당 가격이 오를 수밖에 없는 구조다.

3. 공급률이 꾸준히 줄어든다.

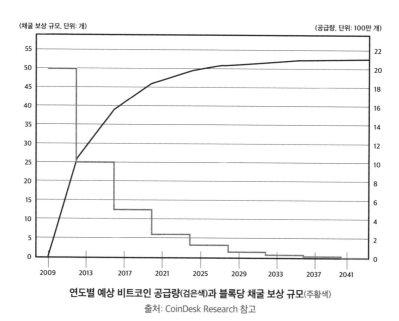

(채굴 보상 규모, 단위: 개) (공급량, 단위: 100만 개)

연도별 예상 비트코인 공급량(검은색)과 블록당 채굴 보상 규모(주황색)
출처: CoinDesk Research 참고

비트코인 프로토콜에 따르면 21만 블록, 블록당 10분으로 계산하면 약 3.9954년마다 채굴의 반감기가 도래한다. 반감기란 블록마다 채굴되는 비트코인 채굴 보상이 반으로 줄어드는 걸 말한다. 반감기에 따라 비트코인의 인플레이션율도 반으로 줄어든다. 다르게 말하면 공급 증가에 따라 비트코인 가치가 떨어지는 속도가 반으로 줄어든다는 것이다. '올림피우스가 달리기를 할 때 결승점에 도달하기 위해서는 1/2 지점에 먼저 도달해야 한다. 이후 중간점과 결승점의 1/2이 되는 지점에 도달한다. 이후 또다시 중간점과 결승점의 중간에 해당하는 지점과 결승점의 1/2이 되는 지점에 도달한다'는 제 논의 역설과 같다. 한국은행이 매년 2조 원씩 화폐를 찍어내고 있었 는데, 4년 후부터 매년 1조 원씩만 화폐를 찍어내고, 또 4년 후부터는 5000억 원씩만 화폐를 찍어낸다고 생각하면 된다. 돈을 너무 많이 찍 어내면 돈의 가치가 점점 떨어져서 휴지조각이 되고 물가가 올라가 지만, 돈을 점점 적게 찍어내면 그 돈의 가치는 점점 올라간다.

비트코인의 첫 블록이 채굴된 2009년부터 2012년 11월 28일 있 었던 첫 반감기 전까지는 채굴 보상이 50비트코인이었다. 10분마 다 50개의 비트코인이 새로 시장에 유입된다는 뜻이다. 이 기간 동 안 비트코인이 발행될 수 있는 공급 제한량 2100만 개 중 절반인 1050만 개가 이미 다 채굴됐다. 2012년 첫 반감기 이후에 이 채굴 보상은 25개로 줄어들고 2016년 두 번째 반감기 때 다시 12.5개로 줄었다. 2020년 세 번째 반감기부터는 6.25개로 줄었다. 처음에 10분 마다 50개씩 신규 발행되던 비트코인이 1/8 속도로 줄어든 셈이다.

2012년부터 2016년까지는 2100만 개 중 25%인 525만 개가 채 굴됐고, 2012년 전에 채굴된 1050만 개를 합치면 누적 1575만 개, 총 공급량의 75%가 시장에 풀렸다. 2016년부터 2020년 반감기 까지는 총 공급량의 12.5%가 채굴되어 87.5%가 시장에 풀렸다. 2021년 기준 이미 1870만 개가 넘는 비트코인이 채굴되어 공급 제 한량 2100만 개의 90% 정도가 시장에 풀린 상태다. 공급량은 비트코인 채굴 종료 시점으로 예상되는 2140년까지 점점 더 천천히 증가할 것이다. 2100년까지 채굴될 것으로 예상되는 비트코인의 개수는 2099만 9999개로, 2100년부터 2140년까지 40년의 기간 동안 채굴되는 비트코인의 개수는 단 1개다. 다시 2100년부터 2104년까지 그 1개의 비트코인 중 0.5개가 채굴되고, 2104년부터 2140년까지 36년에 걸쳐 남은 0.5개의 비트코인이 채굴될 것이다.

비트코인은 2008년 금융위기 당시 미국의 대규모 양적완화 정책에 대한 실망 속에서 탄생했다. 코로나로 자산 가치 대폭락 사태가 벌어진 지금 미국은 2008년으로 돌아간 것처럼 더 많이, 더 빨리 달러를 찍어내고 있다. 1년 새 자산을 들고 있는 사람은 벼락부자가되고, 화폐를 들고 있는 사람은 벼락거지가 되었다. 수많은 사람들이 준비 없이 투자에 뛰어들었다. 모두 대규모 양적완화의 부작용이다. 각국 정부가 화폐 발행 능력을 남용할수록, 그 부작용이 심화될수록 비트코인에 대한 지지는 성장하지 않을까.

가상자산 시장의 분류

비트코인을 필두로 한 가상자산 시장의 규모는 점점 커지고 있지만, 아직 사람들의 이해도는 크게 나아지지 않았다. 용어부터 가상자산,

가상화폐, 암호화폐 등 중구난방으로 쓰이고 있고, 이걸 가치 저장 수단이라고 하는 사람들도 있고, 화폐라고 하는 사람들도 있고, 플랫폼이라고 하는 사람들도 있다. 도대체 누구의 말이 맞는 걸까?

이런 혼란이 생기는 가장 큰 이유는 거대한 가상자산 시장을 똑같은 하나로 묶어 생각하고 있기 때문이다. 가상자산의 종류가 다양한 만큼 그들이 추구하는 바도 다 다르다. 실제로 화폐가 되고자 하는 프로젝트도 있지만, 화폐로 쓰이는 것엔 큰 관심이 없는 프로젝트가 더 많다.

나는 가상자산 시장을 각자 추구하는 비전에 따라 크게 서너 개로 분류한다. 자산 계통, 화폐 계통, 플랫폼 계통, 그리고 그 플랫폼 위에서 사용되는 앱 계통이다. 내 이해의 편의상 만들어낸 분류법이기 때문에 하나의 분류에 넣기 애매한 가상자산이 있을 수 있다.

자산 계통

자산 계통은 비트코인으로 대표되는 분류로, 금과 같이 화폐가치 하락을 방어하기 위한 가치저장 수단이다. 양적완화에 대한 반발 속에서 탄생한 비트코인이 '디지털 골드'라는 별명을 얻게 된 것도 이 때문이다. 자산 계통은 오로지 네트워크 효과에 따라 가치가 생기는 투기자산이기 때문에 가장 큰 네트워크인 비트코인이 압도적인 시가총액을 자랑하며 홀로 왕위에 올랐다. 비트코인이 사실상 유일하게 자산의 성격을 인정받은 가상자산이기 때문에 비트코인이 자산 계통의 전부라고 봐도 될 정도다.

비트코인은 금과 여러모로 비슷하다. 둘 다 사서 보유하는 것 외에 별다른 쓸모가 없다. 금은 산업용으로도 쓰이고 귀금속으로도 쓰인다고 반론할 수 있겠지만 비중으로 따지면 그렇게 크지 않다. 대부분의 금은 가치 저장 수단으로 기능한다.

또 둘 다 채굴하기 위해 에너지와 비용이 소요된다. 금은 채굴할 때 노동력, 즉 사람의 에너지를 소모한다면 비트코인은 채굴할 때 연산력, 컴퓨터의 에너지를 소모한다. 채굴할 수 있는 공급량도 어느 정도 정해져 있다. 비트코인의 공급한도는 2100만 개로 정해져 있고 지구에 매장된 금의 양도 바뀌지 않는다.

둘이 다른 점도 있다. 비트코인은 금과 달리 인터넷상에서 존재하기 때문에 물리적인 한계 없이 전 세계 어디든 보낼 수 있다. 모든 거래를 누구나 확인할 수 있다는 투명성과 사람은 물론이고 기계, 컴퓨터 프로그램 등도 비트코인을 소유하고 거래할 수 있다는 점도 차이가 있다.

자산 계통인 비트코인의 성격은 굉장히 보수적이다. 여기서 성격이라 함은 비트코인 개발의 방향성 또는 개발 철학을 말한다. 디지털 금을 지향하는 만큼 기술의 혁신과 변화보다는 안정성과 역사를 중요시한다. 비트코인은 2009년 처음 작동되기 시작한 이래 지금까지 급격한 코드의 변화 없이 멈추지 않고 돌아가고 있다. 2015년부터 2017년까지 전 세계적으로 비트코인의 블록 크기에 대한 의견 충돌이 있었지만, 결국 비트코인은 원래 코드와 큰 차이를 두지 않는 방향으로 흘러갔다. 블록 크기를 늘려 비트코인의 거래 처리량을 키우려는 사람들은 화폐 계통 가상자산인 비트코인캐시로 분리되어 떨어져 나갔다.

화폐 계통

화폐 계통은 우리가 실생활에서 사용하는 신용카드나 현금처럼 실제 화폐로 쓰이고자 하는 프로젝트다. 블록체인에 블록을 생성하는 주기가 빠르고 큰 규모의 거래를 처리하는 데 특화되어 있다. 페이스북이 개발을 시도했던 리브라(현 디엠)나 비트코인캐시, 정부가 직접 발행하는 CBDC(중앙은행 디지털화폐) 등이 여기에 속한다. 국가 간 화폐 이동의 허브가 되고자 했던 리플도 넓게는 화폐계통으로 묶을 수 있다.

화폐 계통의 투자 매력은 대체로 적다. 첫 번째 이유는 화폐의 배타성이다. 사람들은 보통 한 국가 안에서 네트워크 효과가 가장 큰 단 하나의 화폐만 사용한다. 남들이 가장 많이 쓰는 화폐를 사용하는 게 가장 편하기 때문이다. 결국 다른 모든 경쟁 화폐를 밀어내고 제1화폐로 인정을 받아야 한다는 뜻인데, 짐작하다시피 이미 잘 쓰고 있는 화폐를 밀어내고 그 자리를 차지하기란 쉽지 않다. 전 국민이 잘 사용하고 있는 카카오톡을 갑자기 밀어내고 1위 메신저 앱이 되는 게 어려운 것처럼 말이다.

규제 리스크도 있다. 화폐는 국가의 고유 권한과 밀접하게 연관되어 있기 때문에, 결국 화폐 계통 블록체인의 궁극적인 경쟁자는 정부가 직접 발행하는 CBDC다. 페이스북이 리브라를 출시하려고 했을 때 굉장히 빠른 속도로 미국의 철퇴를 맞은 점, 중국이 본인들이 만든 CBDC인 디지털 위안을 띄우기 위해 비트코인 채굴 및 거래 금지를 선언한 점 등을 보면 대부분의 국가는 공식화폐에 도전하는 걸 상당히 민감하게 받아들일 거라고 추측할 수 있다. 온갖 규제를 다 들고 나올 준비가 되어 있는 정부는 아무리 생각해도 이기기 어려운 경쟁자다.

만에 하나 가상화폐가 제1화폐가 되는데 성공하더라도 투자의 매력도는 그리 크지 않다. 화폐로 쓰인다는 것 자체가 가격 안정성을 전제하기 때문이다. 화폐로 쓰이기 위해서는 먼저 가격 안정이 전제되어야 하는데, 가격 변동이 없는 화폐는 큰 수익을 기대할 만한 투자 수단이 아니다. 이런 딜레마 때문에 화폐 계통의 가상자산에 투자하는 것은 그리 추천하지 않는다.

플랫폼 계통

다음은 이더리움-*Ethereum*으로 대표되는 플랫폼 계통이다. 이더리움은 비트코인의 보수성에 대한 반발과 블록체인 기술의 잠재력을 최대한으로 끌어올리겠다는 의지 속에서 탄생했다. 블록체인 기술은 비트코인의 작동 기반이 되는 기술로, 이를 통해 사상 처음으로 인터넷 위에서 탈중앙화된 희소성을 구현할 수 있게 됐다.

하지만 비트코인은 거래 처리만을 위한 가벼운 구조를 유지하고 있기 때문에 그 네트워크 위에서 할 수 있는 게 별로 없다. 자연스럽게 비트코인을 그냥 들고 있는 것 외에 더 많은 걸 해보고 싶어 하는 사람들이 나타나기 시작했다. 비트코인의 철학이 기존 시장의 불합리에서 벗어나려는 '탈시스템'이라면 이더리움의 철학은 블록체인을 통해 세상에 가치를 전달하고 세상을 위해 할 수 있는 걸 하자는 '공존'이다.

플랫폼 계통을 한마디로 설명하면 프로그래밍 가능한 범용 블록체인 네트워크다. 가치 교환 수단이 기본으로 탑재된 인터넷을 생각하면 된다. 인터넷과 같이 플랫폼의 프로토콜만 따르면 누구나 플랫폼 위에서 작동하는 다양한 앱을 만들고 서비스를 제공할 수 있다는 점이 특징이다. 네트워크의 가치가 전부인 비트코인과 달리 실제 회사처럼 가치와 서비스를 제공할 수 있기 때문에 가치 산정도 더 쉽다. 탈중앙화라는 블록체인 기술의 특성상, 중앙화된 기존 인터넷 플랫폼 서비스와 다르게 플랫폼에 참여하는 모두에게 정보가 투명하게 공개되고 모두에게 같은 룰이 적용된다.

플랫폼 계통은 이더리움이 압도적인 강자의 지위를 차지하고 있다. 이더리움은 '모든 것을 탈중앙화하라*Decentralize everything*'는 모토로 출범한, 프로그래밍 가능한 탈중앙화 가치교환 플랫폼이다. 아주 보수적으로 운영되는 비트코인과 대척점에 있다고 이해하면 된다. 기술적인 관점에서 안전성과 정합성, 심플함의 정점에 있는 비트코인과 반대로 이더리움은 확장성, 범용성, 복잡성의 정점에 있다. 철학적인 관점에서 비트코인은 기존 시스템을 불신하고 벗어나려는 움직임을 상징하지만, 이더리움은 세상에 맞서기보다는 세상을 위해 가치를 전달하고자 한다.

이더리움의 시가총액은 아직 비트코인에 밀리지만, 비트코인은 플랫폼이 아니라 가치저장 수단을 지향한다는 걸 감안한다면 영향력으로는 가상자산 생태계의 실질적인 1위라고 할 수 있다. 이더리움을 잡기 위해 에이다, 폴카닷, 바이낸스스마트체인 등 다양한 프로젝트들이 열을 올리고 있지만 이더리움은 사용자 및 개발자 숫자, 거래 처리 규모, 기술 수준 등 모든 분야에서 다른 경쟁자들과 차이를 벌리고 있다. 이더리움의 폭발적인 성장에 힘입어 플랫폼 계통은 가상자산 업계에서 가장 빠르게 성장하는 분야가 되었다.

이더리움에는 '월드 컴퓨터*World Computer*'라는 별명이 있다. 이더리움 네트워크를 유지하는 전 세계 모든 컴퓨터가 하나의 가상컴퓨터*VM*처럼 작동하기 때문이다. 이 EVM(이더리움 가상머신) 위에서 작동하는 '스마트 컨트랙트' 기능이 이더리움의 가장 큰 강점이다. '스마트 컨트랙트'란 일종의 컴퓨터 프로그램으로, 이 기능을 통해 이더리움 네트워크 내에서 가치교환 수단으로 사용되는 이더*Ether*의 이동을 프로그래밍할 수 있다.

이더리움 네트워크 생태계는 현재 대중성 측면에서 이제 막 걸음마를 뗀 수준이다. 그나마 가장 대중적으로 익숙한 기술은 토큰이다. 토큰은 스마트 컨트랙트의 일종으로, 이더리움 네트워크 안에서 교환 가능한 가상자산이다. 대부분 이더리움 위에서 돌아가는 프로그램을 만드는 사람들이 프로그램 내부에서 통용되는 가치교환 수단으로 쓰기 위해 발행한다. 누구나 토큰을 발행할 수 있고, 누구나 토큰을 보유할 수 있다.

토큰은 크게 대체가능토큰*Fungible Token, FT*과 대체불가능토큰*Non-Fungible Token, NFT*으로 나뉘고, 각각 ERC-20과 ERC-721 이더리움 기술 표준을 따른다.

대체가능*Fungible*이란, 한 토큰을 다른 어떤 토큰이랑 비교하더라도 각각의 가치가 같다는 뜻이다. 500원짜리 동전끼리 모두 가치가 똑같은 걸 생각하면 쉽다. 바이낸스코인, 테더, 체인링크, 오미세고 등 시장에 나와 있는 대부분의 가상자산 및 가상화폐가 이더리움으로 만든 대체가능토큰*FT*이다. 예전에는 자체 블록체인 네트워크를 보유한 가상자산도 새롭게 많이 생겼지만, 요즘은 흔히 생각하는 '코인'이 곧 토큰이라고 생각하면 된다.

대체불가능토큰*NFT*은 FT와 달리 각각의 토큰이 유니크하고 유일하다는 뜻이다. 쉽게 말하면 절대 복사할 수 없는 유일무이한 디지털 토큰이다. 원본 혹은 진품 여부를 가릴 수 있기 때문에 희소성이 중요한 미술 분야 등에서 활용되고 있다.

플랫폼 위에서 사용되는 앱 계통

토큰이 가장 대중적인 기능이라면, 가장 많은 사람들이 활용하는 이더리움의 킬러 앱은 탈중앙화금융을 부르는 디파이*De-Fi, Decentralized Finance*다. 디파이는 대출이나 거래 중개 등 전통적인 금융 서비스를 그대로 탈중앙화 네트워크에 옮겨 놓은 서비스를 통칭하는 말이다. 은행, 제2금융권 기업 등 금융서비스를 제공하는 중간 유통단계를 제거하는 것이다. 원래 대출을 받기 위해서는 은행을 통해 대출 심사, 승인, 실행 이런 과정이 필요했다. 이제는 메이커*Maker*나 에이브*Aave* 같은 디파이 대출 서비스에 메타마스크*Metamask* 등 이더리움 지갑을 연결하고, 클릭만 몇 번 하면 이더리움 같은 가상자산을 담보로 해서 대출을 받을 수 있다. 대출을 받는 것뿐만 아니라 본인이 직접 남들에게 담보대출을 해주고 이자를 받을 수도 있다. 금융 서비스를 P2P화하는 것이다.

이 모든 게 사람이 아닌 코드의 작동에 의해 이루어진다. 돈의 수요자와 공급자 사이에 코드만 있을 뿐 중간에서 마진을 떼먹는 금융 회사의 직원도 필요 없고 사무실도 필요 없어진다. 유통 단계를 단축해 양쪽 다 더 나은 이율을 누릴 수 있게 되는 것이다. 국경도 사라진다. 꼭 한국에 있는 은행에서 대출을 받거나 한국 사람에게만 대출해줘야 하는 것이 아니라, 전 세계 공통의 유동성에 접근하거나 참여할 수 있게 된다.

일반 금융과 다른 또 한 가지 특징은 모든 정보의 평등이다. 규모가 작은 개미 투자자라고 차별받는 것도 없고, 고래 투자자라고 특혜가 주어지는 것도 아니다. 모든 시장 참여자들의 거래가 똑같이 모두가 볼 수 있도록 기록되고, 디파이 프로토콜의 모든 룰이 모두에게 똑같이 적용된다.

예전 우리나라에서 있었던 삼성증권 유령주식 배당 사태나 미국에서 개인 투자자의 매수 기능을 강제로 비활성화해버린 게임스톱 공매도 사태를 보면, 기관 투자자들은 있지도 않은 유령주식을 만들어서 거래할 수 있고 공매도도 자유롭게 할 수 있다. 하지만 개인 투자자들은 그런 능력이 없다. 투자자의 힘에 따라 기울어진 운동장에서의 위치가 정해지는 셈이다. 코드로 돌아가는 디파이에서는 그런 불평등이 없다. 2008년 금융 위기 당시 일부 기관들만 선택적으로

구제받았던 것과 같은 일이 사라지는 것이다.

몇 가지 기본적인 용어들만 설명했을 뿐인데 벌써 머리가 아플 것이다. 탈중앙금융, 탈중앙자율조직DAO, 대체불가토큰 등등 가상자산 시장을 공부하다 보면 처음 접하는 사람들에게 굉장히 어렵게 느껴질 개념이 끝도 없이 이어진다. 공부의 양이 방대할 뿐더러 컴퓨터 전공자가 아니라면 용어를 공부하는 데도 한참 시간이 걸린다. 과연 이렇게 어려운 가상자산이 대중적으로 확산될 수 있을까 의문이 들 만한 부분이다.

기술 발전은 대중이 완전히 이해할 때까지
기다려주지 않는다

역사 속에서 한 가지 알 수 있는 건, 기술 발전은 대중들이 완전히 이해할 때까지 기다려주지 않는다는 것이다. 대중화가 되기 위해서 사용자들이 기술의 작동 원리를 완벽하게 알아야 하는 것은 아니다. 작동한다는 사실만 알면 된다. 써보는 순간 이해하게 되기 때문이다.

컴퓨터와 인터넷이 그 예다. 인터넷이 처음 퍼지기 시작한 90년대 중반만 해도 사람들은 인터넷, 웹사이트, 홈페이지 같은 개념을 잘 설명하지 못했다. 당시 인터넷의 선구자들도 오늘날 우리 만큼도 인터넷을 완벽히 이해하지 못했다. '정보의 고속도로'와 같은 와닿지 않는 비유를 하거나 인터넷의 활용 가능성을 들어 간접적으로 설명할 뿐이었다. 그 활용 예시마저도 우리가 오늘날 인터넷을 활용하는 것에 비하면 굉장히 제한된 수준이었다. 정보의 바다인 인터넷에서 정보를 찾아주는 '정보검색사'라는 새로운 직업이 생길 거라는 말도 있었다. 많은 사람들이 '인터넷이 세상을 바꿀 것'이라는 말을 지나친 허풍이라고 생각했다.

그러거나 말거나 인터넷은 대중화에 성공했고, 세계를 집어삼켰다. 인터넷을 활용하지 않는 기업은 상상하기 힘들다. 오늘날 모두가 인터넷을 사용하지만, 인터넷의 작동 원리를 정확히 이해하면서 사용하는 사람은 별로 없다. DNS, TCP, IP, HTTP와 같은 기술적인 용어는 아직도 모르는 사람들이 많다. 인터넷이 어떻게 작동하는 줄도 모른 채 인터넷을 사용하듯이, 시간이 지나면 이더리움 위에서 돌아가는 서비스인 줄도 모른 채 이더리움 서비스를 사용하게 될 지도 모른다.

많은 사람들이 지금까지 있었던 여러 번의 가상자산 광풍을 닷컴 버블에 비유하지만, 나는 블록체인 업계의 닷컴 버블은 아직 오지 않았다고 생각한다. 이더리움과 같은 플랫폼 블록체인 위에서 돌아가는 다양한 서비스와 프로그램들이 하나둘씩 대중화된다면, 지금까지의 시장 흐름과 다른 제2의 물결이 올 것이다. 지금은 이더리움, 바이낸스스마트체인이나 폴카닷, 에이다 같은 플랫폼이 먼저지만, 그런 시기가 오면 앱이 먼저고 플랫폼은 그 다음이 될 것이다.

대중적으로 인기를 끄는 데 성공한 킬러 앱들이 생기면, 그 킬러 앱이 돌아가는 플랫폼이 결국 가장 많이 쓰이는 플랫폼이 되는 식이다. 우리가 컴퓨터 운영체제를 고를 때 운영체제의 보안이나 우수성 자체보다는 그 운영체제에서 돌아가는 프로그램을 먼저 고려하는 것과 비슷하다. 내가 좋아하는 게임이 맥에서 돌아가지 않는다면 윈도우 컴퓨터를 사용할 수밖에 없는 것처럼 말이다.

지금 블록체인 업계의 발달 속도도 인터넷 못지않게 빠르다. 테슬라, 스퀘어, 마이크로스트레티지 등 미국 상장사들이 비트코인을 매입하고, 엘살바도르와 같이 비트코인을 법정통화로 지정한 국가도 생기고, 탈중앙화거래소인 유니스왑이 나스닥 상장 거래소인 코인베이스의 거래량을 제치는 등 몇 년 전만 해도 불가능해 보였던 일들이 현실화되고 있다. 5년 뒤, 10년 뒤의 가상자산 시장이 얼마나 발달할지는 아무도 모른다. 아마존의 제프 베이조스나 페이스북의 마크 저커버그, 한국에서는 네이버의 이해진, 카카오의 김범수 같은 사람들이 인터넷의 가능성을 보고 투자나 사업에 뛰어들어 큰 부를 쌓았듯이, 일찌감치 가상자산의 잠재력을 알아본 투자자나 사업가 중에서 새로운 부자가 탄생할 수도 있다.

그렇다고 가상자산 시장이 쉽게 돈 벌 수 있는 시장은 아니다. 나는 주식 시장이나 부동산 시장과 비교했을 때 가상자산 시장에서의 투자가 가장 어렵다고 생각한다. 여기서 말하는 투자란 생각 없이 사고파는 게 아니라 제대로 알고 하는 투자에 대한 난이도를 말한다.

일단 제대로 공부하기가 어렵다. 지금의 블록체인 생태계는 인터넷 발달 초기와 비슷하게 완벽히 개발자들 위주의 시장이다. 일단 한국어로 된 자료 자체가 많이 없고, 99%는 영어로 되어 있다. 언어의 장벽이 없더라도 내용이 기술적이기 때문이 일반 투자자가 이해하기 힘들다.

나는 경영학과 컴퓨터를 전공하고 3개의 모바일 게임을 제작한 1인 개발자 경력이 있다. 어느 정도 프로그래밍을 할 줄 아는데도 불구하고 이더리움의 업데이트 내용을 다 따라가기 어렵다. 컴퓨터 공학에 익숙하지 않은 사람들은 완벽하게 이해하는 게 불가능한 수준이다.

정보의 접근성이 낮고 진입장벽이 크다보니 이걸 노린 사기도 극성이다. 가상자산 시장의 가격이 크게 오를 때마다 우후죽순으로 생기는 신규 '코인'의 대부분은 별 가치가 없는 껍데기들이다. 큰 가치가 없는 프로젝트일수록 일부러 이해하기 어려운 용어를 많이 쓰고 필요 이상으로 복잡하게 만드는 경우가 많다. 제대로 된 투자를 하기 위해서는 옥석을 가릴 수 있는 능력이 필수적인데, 그런 능력을 갖추기 위해서는 공부해야 할 양이 상당히 많다.

필요한 공부량이 많은데 시장의 속도는 또 엄청나게 빠르다. 주식 시장과 달리 장이 열리는 시간이 따로 없다. 블록체인 네트워크는 꺼지지 않고 365일 24시간 돌아가기 때문에 가상자산 거래소 역시 개장 시간 없이 끊임없이 돌아간다. 기술 발달 초입인데다가 장 시간도 24시간이다 보니 시장 변화가 급격하다. 주식 시장보다도 훨씬 페이스가 빠르고, 가상자산 시장에 비하면 부동산 시장은 슬로우 모션이다. 하루에도 몇 번씩 바뀌는 시장 분위기에 적응을 어려워하는 사람들도 많지만, 시간의 흐름이 빠르다보니 그만큼 투자에 대해 배우기도 좋다.

나는 가상자산 투자보다 훨씬 더 오랜 기간 주식 시장에 투자를 해왔지만, 주식 시장에서보다 가상자산 시장에서 투자에 대해 더 많은 것을 배웠다. 만화 〈드래곤볼〉에 나오는 중력이 지구의 10배인 '정신과 시간의 방'과 비슷한 느낌이다.

가상자산 시장은 그 난이도에 비해 이상하리만치 초보 투자자들의 비중이 높다. 높은 수익률에 이끌려 투자 경험이 없는데도 일확천금을 노리고 들어온 사람들이 많기 때문이다. 아직 주식 시장이나 부동산 시장에 비해 기관 투자자들이 많이 진입하지 않은 측면도 있다.

하지만 투자는 결국 제로섬이다. 큰돈을 번 사람이 많다는 뜻은 그만큼 돈을 잃은 사람도 많다는 뜻이다. 시장의 공포와 욕심에 휘둘리지 않을 자신이 없다면, 본인이 컴퓨터나 투자 경험이 부족하다면 가상자산 투자는 극도로 신중해야 한다. 기술인만큼 주식 시장이나 부동산 시장에 투자할 때보다 더 많이 공부할 각오도 해야 한다. 가상자산 투자로 큰돈을 번 투자자들의 얘기만 듣고, 쉽게 돈을 벌 거라는 안일한 마음가짐으로 투자했다간 다른 사람들의 수익률을 늘려주기만 하는 꼴이 될 수 있다.

저평가된 가상자산을 고르는 방법

앞에 말한 조건을 갖추고, 가상자산을 포트폴리오에 편입할 준비가 된 사람이라면 어떤 가상자산을 골라야 할지 궁금할 것이다. 가상자산 시장에서 투자할 곳을 고르는 방식은 주식이나 부동산 등 다른 시장과는 사뭇 다르다. 주식과 부동산은 대부분 시장 참여자들에게 인지도도 높고 정보의 비대칭성도 적다. 거래소에 상장된 주식은 규제에 의해 엄격한 심사를 거치고 사업보고서도 공시하기 때문에 안정성도 높다. 그래서 여러 주식 중 상대적으로 가격이 저평가된 주식을 파악하는 방식으로 투자할 곳을 고르는 게 보통이다.

반면 다른 가상자산에 비해 저평가된 가상자산을 고른다는 건 상당히 어렵다. 블록체인 기술의 발달은 아직 초입 단계에 있기 때문에 가치의 비교도 어렵고, 어떻게 보면 모든 가상자산이 저평가되어 있기 때문이다. 저평가된 만큼 주식과 부동산에 비해 위험성도 높고 정보도 부족한, 투자자에게 상당히 불친절한 환경이다.

가상자산은 저평가 정도보다는 신뢰도나 지속 가능성 등 생존 가능성이 훨씬 더 중요하다. 저평가만 생각하면 모든 게 황금 동아줄처럼 보이겠지만, 금방 끊어져버릴 수 있는 동아줄은 동아줄이 아니다. 믿을 수도 없고 지속이 불투명한 가상자산이라면 얼마나 많이 저평가되어 있고 얼마나 큰 기회인지를 따져보는 의미가 없다. 몇 년간 10배로 성장할 수 있는 시장에서 100배를 먹어보겠다고 언제 망할지 모르는 곳에 투자하는 사람이 많기 때문에 가상자산 시장에서 돈을 잃는 사람들이 많은 것이다. 모든 게 저평가되어 있다면 5년 뒤, 10년 뒤에도 사라지거나 중단되지 않을 프로젝트를 골라 안정적으로 시장 성장의 수혜를 보는 게 가장 현명하다. 신뢰도나 지속 가능성의 개념이 모호하게 느껴질 것이기 때문에 몇 가지 예시를 들어 설명하겠다.

먼저 신뢰성과 지속 가능성이 가장 뛰어난 '비트코인'은 탈중앙화된 오픈소스 방식으로 개발이 이루어진다. 사토시 나카모토에 의해 첫 버전이 공개되었지만 그 이후 모든 수정 사항은 전 세계 비트코인 네트워크 참여자들의 합의에 의해 공개적으로 이루어진다. 하나의 개발 주체가 있는 게 아니기 때문에 악의적으로 코드에 백도어를 심어두거나 할 수 없다. 또 비트코인은 비교적 구조가 간단해 이미 배포 시점부터 거의 개발이 끝났다. 현재 비트코인 블록체인 위에서 돌아가는 소위 '레이어 2' 프로그램들은 활발히 개발되고 있지만 '레이어 1'인 비트코인 블록체인 자체는 사실상 완성된 상태다. 그런 비트코인 블록체인이 12년 간 한 번도 해킹당한 적이 없다는 점은 비트코인의 신뢰도를 보여주는 요소다.

비트코인의 지속 가능성은 비트코인의 사용자들에게서 나온다. 비트코인 네트워크는 거래를 처리하고 그 대가로 채굴 보상을 받는 '채굴자'들에 의해 운영된다. 네트워크에 계속 성실히 참여하는 게 채굴자들에게도 이득이 되는 인센티브 구조 덕분에 채굴자들은 잘 이탈하지 않고, 사용자가 가장 많다는 네트워크 효과를 바탕으로 사용자들도 잘 이탈하지 않는다. 운영 주체가 분산되어 있어 몇 명이 빠지더라도 계속 네트워크가 유지되고, 채굴 보상을 통해 새로운 운영 주체들이 진입할 인센티브가 생기기 때문에 오랜 시간 동안 안정적으로 지속될 수 있다.

'클레이튼' 같은 경우는 카카오라는 주체가 주도하는 중앙화된 방식으로 개발이 이루어지기 때문에 비트코인이나 이더리움보다는 신뢰성이 떨어지지만, 반대로 카카오라는 주체에 대한 신뢰가 크다면 사람에 따라 오히려 비트코인이나 이더리움보다 더 높은 신뢰성을 느낄 수도 있다. 클레이튼 프로젝트의 존폐 여부는 카카오라는 하나의 주체에 의존하기 때문에 지속 가능성에 대한 기대는 비트코인에 비해 확실히 약하다. 카카오가 블록체인 시장에 지속적인 관심을 갖고 영향력을 키워나갈 것이라는 생각이 바탕이 되지 않으면 지속 가능성에는 비트코인만큼 좋은 점수를 줄 수는 없다. 이런 리스크를 안고 투자에 나설 것인지는 투자자 각자의 선택이다.

소위 잡코인이라고 불리는 소규모 가상자산은 개발 및 운영 주체에 대한 정보도 부족하고, 신뢰성도 떨어지는 경우가 많다. 일반 기업이나 스타트업이 개발하고 운영하는 가상자산은 어떻게 개발이 이루어지는지 알기 어려울 뿐더러, 개발자나 초기 투자자에게 싼값에 물량을 배분하는 등 인센티브 구조 역시 안 좋은 경우가 많다. 심지어 일반 투자자들에게 물량을 넘기고 잠적해버리는 경우도 있다.

그래서 개발 주체가 누구인지, 운영 주체가 누구인지, 내가 완벽하게 신뢰할 수 있는지를 냉정하게 파악하는 것이 중요하다. 이 세상에 완벽하게 신뢰할 수 있는 회사는 없기 때문에, 중앙화된 방식으로 운영되는 대부분의 가상자산에는 개인적으로 투자를 말리고 싶다.

가상자산에 대한 정보를 얻는 방법

해외주식과 마찬가지로 가상자산에 대한 정보는 레딧에서 많이 찾을 수 있다. 클레이튼 생태계 등 소위 '김치코인'이라고 불리는 대한민국발 가상자산이 아니면 대부분이 해외에서 시작된 프로젝트이기 때문이다. 'r/Blockchain', 'r/Cryptocurrency', 'r/DeFi'와 같이 시장 전반을 다루는 서브레딧도 있고 'r/Bitcoin', 'r/Ethereum' 등 개별 가상자산에 대한 서브레딧도 유용하다. 웬만한 주제는 다 서브레딧이 존재하기 때문에 당연히 가상자산을 싫어하고 가상자산이 망할 거라고 생각하는 유저들이 모여 있는 곳도 있다.

예를 몇 개 들면 'r/Buttcoin'은 비트코인과 가상자산 전반의 어두운 면에 대해 주로 얘기하는 서브레딧이고 'r/RippleScam'은 가상자산 리플을 개발한 동명의 개발회사 리플을 비판하는 서브레딧이다. 투자와 관련된 서브레딧은 홍보와 좋은 얘기들만 올라오는 경우도 많기 때문에 이런 다양한 스타일의 커뮤니티를 구독하는 것은 객관적인 시각을 유지하는 데 아주 도움이 된다.

정보를 수집하면서 꼭 알아야 할 점은 가상자산 시장은 아직 성숙하지 못하기 때문에 주식이나 부동산보다 정보의 질이 많이 떨어진다는 점이다. 수익만 좇아 들어온 초보들에게 사기를 치기 위해서 퍼뜨리는 허위의 정보도 많고, 별로 중요하지 않은 내용을 부풀려 해석한 정보도 많다. 특히 한글로 된 자료가 거의 없다보니 우리나라에서는 유튜버들에게 의존해 정보를 얻고 투자하는 사람도 많은 실정이다. 유튜버라고 해서 모두가 가상자산에 대해 정확히 이해하고 있는 것이 아니고, 광고비를 받고 거래소나 가상자산을 홍보하는 경우도 굉장히 많기 때문에 이를 감안해 걸러 듣는 것을 추천한다.

요즘은 증권사에서 가상자산과 디파이 시장에 대한 분석 리포트를 내놓는 경우도 있고, 미국의 대형 은행들은 꽤나 선진적이고 괜찮은 내용의 전망 보고서를 내기도 하기 때문에 이렇게 조금이라도 신뢰도가 보장된 자료 위주로 수집하길 바란다.

가상자산 투자는 어떤 사람에게 적합할까?

가상자산 시장 투자는 다음과 같은 사람에게 어울린다. 미래의 발전과 변화에 관심이 많고, 멘탈이 강하고, 투자 경험이 어느 정도 있는 사람이다. 스타일의 문제라기보다 생존의 문제에 가깝다. 미래 변화에 관심이 없거나, 멘탈이 약하거나, 투자 경험이 없는 사람은 적응하기 어려운 시장이기 때문이다.

가상자산 시장의 변화 속도는 굉장히 빠르다. 시장의 주목을 받던 기술이 1년도 안 돼서 대체될 수도 있다. 따라서 트렌드를 앞서가거나 따라가기라도 하려면 관심을 갖고 꾸준히 공부를 해야 하는데, 미래의 변화에 관심이 없다면 이런 공부량을 채우기 어렵다.

시장 성숙도가 낮아 변동성이 큰 만큼 강한 멘탈도 중요하다. 가상자산 시장은 현재 가장 빠르게 성장하고 있는 분야인 만큼 지난 10년간, 5년간, 1년간 수익률 모두 주식 시장과 부동산 시장을 압도한다. 다만 그 상승을 오롯이 가져간 사람은 손에 꼽는다. 급격한 가격 하락이나 가격 상승이 무서워 중간에 팔아버리는 사람이 대다수이기 때문이다. 최소한의 투자 경험도 없다면 수익은커녕 급격한 상승세를 따라가다 물리고 반등이 오기도 전에 손해를 보고 팔아버릴 확률이 99%다.

주식 투자를 꽤나 한다는 사람도 가상자산 시장에만 오면 변동성에 겁먹어 감정적인 투자를 하거나 제대로 된 공부 없이 투기꾼처럼 거래하는 경우가 많다. 만약 본인의 투자 실력에 자신이 있다면 가상자산 시장을 하나의 챌린지로 삼아 투자에 참여해보길 바란다. 급격한 변동성 속에서 멘탈을 잡고 본인이 본 미래에 대한 투자를 고수할 수 있는 사람이라면, 분명히 배우는 것도 많고 투자에서도 좋은 결과를 얻을 수 있을 것이다.

책에서 여러 번 언급했듯이 투자는 절대 쉬운 길이 아니고, 그중에서도 가상자산 시장은 초보자들에게 가장 어렵고 위험하다. 쉽다는 생각으로 접근하면 반드시 피를 볼 것이고, 어렵다는 생각으로 접근하면 생각보다 좋은 결과를 얻을 수 있을 것이다.

나는 투자로 30년을 벌었다

1판 1쇄 발행 2021년 9월 21일
1판 2쇄 발행 2021년 9월 22일

지은이 한정수
발행인 오영진 김진갑
발행처 토네이도미디어그룹(주)

책임편집 박수진
기획편집 박민희 진송이 박은화
디자인팀 안윤민 김현주
마케팅팀 박시현 박준서 김예은
경영지원 이혜선 임지우

출판등록 2006년 1월 11일 제313-2006-15호
주소 서울시 마포구 월드컵북로5가길 12 서교빌딩 2층
원고 투고 및 독자 문의 midnightbookstore@naver.com
전화 02-332-3310 팩스 02-332-7741
블로그 blog.naver.com/midnightbookstore
페이스북 www.facebook.com/tornadobook

ISBN 979-11-5851-224-8   03320

토네이도는 토네이도미디어그룹(주)의 자기계발/경제경영 브랜드입니다.